¡Me seréis testigos!

Entrenamiento para hacer Discípulos

¡Me seréis testigos!

Página titular

©2010 Logoi, Inc.
Derechos electrónicos
www.logoi.org

eISBN 978-1-938420-21-4

ISBN 978-1-938420-20-7

©1999 Logoi, Inc.
14540 S. W. 136 Street, Suite 200
Miami, FL 33186

Capítulos 1-4 escritos por Alberto Samuel Valdés

Capítulos 5-8 tomados de *Disciple Making*
© 1994 Billy Graham Center
Institute of Strategic Evangelism
Wheaton, IL

Editor: Luis Nahum Sáez
Portada: Meredith Bozek
Diseño gráfico: Fernando Lamigueiro R.

Nota: Todas las citas en las que no se indique su procedencia son tomadas de la versión Reina-Valera 1960. Las citas de la Biblia de Las Américas (BDLA) son usadas con permiso de sus dueños.

Reservados todos los derechos. Prohibida la reproducción total o parcial de esta obra sin la debida autorización de los editores.

¡Me seréis testigos!

Contenido

Página titular

Reconocimientos   5

Introducción   7

Sesión 1: Principios esenciales de la evangelización   9

Sesión 2: Nicodemo y la mujer samaritana   31

Sesión 3: Felipe el Eunoco Etíope   61

Sesión 4: Lidia y el carcelero de Filipos   83

Sesión 5: El proceso del seguimiento   101

Sesión 6: Cómo discipular a un nuevo creyente   117

Sesión 7: Integración a la iglesia   129

Sesión 8: Grupos de discipulados   143

Apéndice A: Tiempo devocional   159

Apéndice B: Memorización de porciones bíblicas   165

RECONOCIMIENTOS

Esta obra llega a sus manos por la abnegada labor de siervos del Señor preocupados por la evangelización del mundo y la edificación del cuerpo de Cristo. A ellos queremos agradecerles su valioso aporte.

Al Dr. David W. Olmstead, en primer lugar, por concedernos la autorización del Instituto de Evangelismo del Centro Billy Graham, en Wheaton, Illinois, para adaptar varios capítulos de su libro *Disciple Making* al programa de estudios de la Facultad Latinoamericana de Estudios Teológicos (FLET).

Al Rev. Les Thompson por su gestión ante la Asociación Evangelística Billy Graham, y por sus acertadas sugerencias en la elaboración de esta obra.

Al equipo de pastores, evangelistas, misioneros, seminaristas, educadores y laicos cuyos principios y enseñanzas acerca de la evangelización y el discipulado aparecen en esta edición.

En fin, estamos agradecidos a todos aquellos que han hecho posible la materialización de esta obra para la expansión del evangelio y la gloria de Dios.

INTRODUCCIÓN

¿Por qué otro libro acerca de evangelización y discipulado? ¿No existen ya suficientes volúmenes acerca de métodos y bosquejos para facilitar la difusión del evangelio? Con tantos pastores y evangelistas reconocidos que tenemos, ¿qué más necesitamos? Antes de contestar de manera directa, leamos la siguiente parábola moderna.

La hermana Hortensia hacía la sopa más sabrosa de todas las cocineras de la iglesia. Cuando celebraban una ocasión especial, los miembros le pedían que preparara una de sus famosas recetas. Mezclaba vegetales frescos con carne de varias clases, condimentos extrañísimos, y quién sabe cuántos secretos culinarios conocidos sólo por ella. La sopa se hizo tan famosa que comenzaron a llegar a la iglesia personas de otras congregaciones para probarla, al punto que sus pastores solicitaban aquella receta tan sabrosa para prepararla también.

La hermana Hortensia la mantuvo en secreto, pero como era una creyente fiel, decidió revelar los misteriosos ingredientes que combinaba en su cazuela para crear la delicia. De manera que muchos pastores regresaron a sus congregaciones con la receta, entusiasmados (y aliviados de que ya no perderían más miembros). Los cocineros y cocineras de esas congregaciones se dedicaron a cocinar la famosa sopa. Buscaron los ingredientes, consiguieron los condimentos precisos, y hasta compraron la misma clase de cazuela que usaba la hermana. ¿Qué resultó? Cuando terminaron de cocinar, la sopa no sabía igual. Habían seguido las instrucciones al pie de la letra, comprado los ingredientes en el mismo mercado, y usado las mismas cazuelas. Pero faltaba algo: la hermana Hortensia. Sin ella, la sopa no era igual.

Era «su» sopa.

Hay varias *recetas* útiles para comunicar el mensaje de las buenas nuevas de salvación, y seguro que existen programas y métodos con éxito probado. No obstante, hay personas en la iglesia que por una razón u otra no emplean los métodos o programas disponibles. Tratan de seguir la «receta x», pero no obtienen los mismos resultados. Sus dones particulares, sus conocimientos y su personalidad fueron diseñados para algo diferente.

En este texto queremos proveer *principios* que ayuden a individuos y congregaciones a comunicar las verdades absolutas de las Escrituras en el contexto particular en el que se mueven. Aprenderemos principios que nos ayudarán tanto en la evangelización (los primeros cuatro capítulos) como en la edificación (los últimos cuatro) a través de pasajes que tienen implicaciones comunes. En los primeros cuatro capítulos veremos cómo diversas personas en diferentes contextos bíblicos son dirigidas hacia el Salvador, que ofrece vida eterna gratuitamente a todos los que en Él creen. En la segunda parte del libro aprenderemos principios prácticos que nos ayudarán a guiar a los recién convertidos, y a aquellos que han sido creyentes por algún tiempo, a la madurez cristiana, el servicio eficaz, y a un mayor impacto en este mundo.

Se espera que el individuo, como la congregación a la que asiste, evangelice y discipule con sana doctrina, sabiduría, y sobre todo con amor. Así, con cada lección esperamos motivarles a conocer mejor la Palabra, amar al SEÑOR, y servirle como aquellos que están equipados «*para toda buena obra*» (2 Ti 3:16b).

¡Me seréis testigos!

Sesión 1: PRINCIPIOS ESENCIALES DE LA EVANGELIZACIÓN

Introducción

Cuando Esperanza se enamoró toda la vecindad se enteró. Gritaba a voz en cuello el nombre de su prometido desde el balcón del departamento donde vivía con sus padres para que todos lo escucharan. Llamaba a sus compañeras de la universidad para contarles las virtudes del joven que había pedido su mano en matrimonio. Todas sabían que Enrique estudiaba ingeniería, que era maestro de escuela dominical, que tenía pelo castaño, que usaba camisas blancas planchadas con la insignia de su nombre bordada en las mangas, y que sacaba notas excelentes en sus estudios.

Esperanza pensaba que escribiendo cartas o usando el correo electrónico podía alcanzar a más personas que aquellas con las que podía hablar personalmente en la aldea donde vivía. Pronto comenzó a comunicarse con otras amigas que habían venido del extranjero a estudiar en la universidad y que regresaron a sus países de origen al graduarse. Les contaba acerca de la sonrisa de su amado, sus comidas favoritas, y la simpatía con que contestaba el teléfono. Después de un tiempo no se conformó con hablar de Enrique solamente. Empezó a enviarles camisetas con la fotografía del muchacho. Llegó un momento en que todos sus amigos y amigas sabían cómo lucía el joven, qué hacía, qué le gustaba comer, y cuál era su ropa preferida. Enrique, sin dudas, era el tema de conversación favorito de Esperanza. Todos escuchaban de él, lo desearan o no. El chiste llegó a ser que no había ni siquiera que oprimir un botón, o echarle dinero, para que Esperanza comenzara a hablar de Enrique. Con solo verla venir y entrar en contacto visual con ella, iniciaba su perorata.

Si no fuese porque este relato es ficticio tal vez pensaríamos que la joven estaba obsesionada o loca. No obstante, podemos aprender varias cosas de ella y sus métodos para comunicarse. Medite, al menos por un momento, en una característica negativa y otra positiva de las acciones de Esperanza. Si lo desea, escríbalas en algún lugar y analícelas. ¿Qué escribió? Comencemos con lo positivo: Esperanza no hablaba de Enrique porque se sintiera forzada a hacerlo, o porque tuviera un complejo de culpa encima, o porque temiera que si no lo hacía Enrique rompiera su compromiso con ella. Lo hacía con naturalidad porque brotaba de su corazón. Él la amaba a ella, y ella, sin dudas, a él. Lo que decía salía de su corazón de manera espontánea. Pero, ¿habría algo negativo en esa actitud? Tal vez debemos preguntarnos sí sus amigas, vecinos y aun sus propios familiares no se cansarían de escucharla —con su famoso tema— al punto de llegar a «sintonizar otra estación» en sus mentes o evitar toparse con ella por completo.

¿Cómo podemos aplicar el relato de Esperanza a la evangelización en nuestras iglesias? ¿Qué sentimos cuando se nos habla de evangelizar en nuestra comunidad? ¿Sentimos confianza o nos paraliza el temor? ¿Mostramos tanto entusiasmo que asustamos a las personas o necesitamos más «chispa» para evangelizar?

En esta lección estudiaremos algunos principios que nos ayudarán a comunicar las buenas nuevas con más precisión, creatividad y eficacia.

Objetivos

1. Explorar algunos principios fundamentales acerca de la evangelización y el discipulado.
2. Evaluar nuestra disposición hacia la evangelización, el seguimiento y el crecimiento cristianos.
3. Participar en la evangelización y/o edificación individualmente o como parte de un equipo.

Lección

Podemos evaluar nuestras motivaciones, actitudes y creencias acerca de la evangelización y sacar provecho de ello. Quizás no contribuimos de manera plena, gozosa y eficaz porque reaccionamos no tanto a la evangelización en sí, sino más bien a ciertos modelos de ella. Esta realidad paralizadora puede producirse de varias maneras. ¿Con cuáles de las siguientes declaraciones se identifica usted?

- Me comparo con otras personas y creo que son más eficaces, dinámicas o dotadas que yo.
- A menudo pienso que soy el único responsable de atraer a alguien al Salvador.
- Tiemblo al pensar que debo hablarles de Jesús a los que me rodean.
- Cuando examino mis motivos para evangelizar descubro más sentimientos de culpabilidad que de amor.
- Creo que soy un fracaso cuando le predico a alguien de Jesús y no cree en Él al instante.

Muchos hemos experimentado algunas o todas esas emociones. Pero qué grato es saber que hay solución para ello. Veamos algunas respuestas posibles:

No todas las personas son atraídas a las mismas cosas

Hay incrédulos que se sienten tan amenazados por los evangelistas agresivos que prefieren una conversación tranquila en la que puedan expresar sus dudas y plantear sus preguntas en un ambiente comprensivo, compasivo y confiable. Otros requieren más que una reunión evangelística o una cita con el pastor. Tal vez quieran ver un ejemplo vivo (¡aunque no perfecto!) del cristianismo que puedan examinar. Y, no obstante la contribución de evangelistas y pastores, quizás usted pueda ser más efectivo que ellos. De manera que no debemos temer que existan personas con diferentes capacidades que las nuestras. Podemos darle gracias a Dios tanto por la capacitación de otros como también por la manera única en la cual nos usará a nosotros.

Dios puede usar a varias personas u ocasiones para atraer al mismo individuo

El Señor puede usar a varias personas para guiar a un incrédulo a la fe en Jesús. Es posible que un creyente aliente a un no creyente necesitado y al paso del tiempo, en una situación específica, recuerde la compasión cristiana que recibió. Quizás alguien conserve algún consejo que le hemos dado y nos busque en algún momento de crisis, el que puede servir como ocasión para hablarle del evangelio. De manera que podemos servir como parte de la «cadena» que resulte al fin en conducir a alguien al Salvador. (Más adelante veremos el papel que puede jugar la congregación al comunicar el mensaje de salvación.) Nunca actuamos solos en la empresa evangelística.

Dios nos capacita para el servicio, y guía nuestro progreso y crecimiento

Debemos comenzar a servir al Señor confiando en su amor. Nadie nos conoce más íntimamente que Él. Solo Él sabe por cuales caminos conducimos y a que experiencias exponemos a fin de capacitamos cada vez más para su servicio. Dios nos va guiando con perfecto conocimiento, tanto de nuestros límites como de lo que debemos aprender de su poder. En Éxodo 13.17 leemos lo siguiente: «*y luego que Faraón dejó ir al pueblo, Dios no los llevó por el camino de la tierra de los filisteos, que estaba cerca; porque dijo Dios: Para que no se arrepienta el pueblo cuando vea la guerra, y se vuelva a Egipto*». Dios sabía (y sabe) por donde conducir a su pueblo. Podemos ver la misma dinámica en el trato de Jesús con sus discípulos (en especial en el Evangelio según San Marcos). Todo esto es parte del aprendizaje que debemos obtener para caminar por fe con nuestro Dios bondadoso. Él guiará nuestros pasos de acuerdo a Su sabiduría ya lo que quiera desarrollar en nosotros. Él siempre da lo mejor.

La culpa paraliza nuestros esfuerzos mientras que el amor nos hace responsables.

Los motivos bíblicos hallan sus raíces en realidades tales como el amor de Dios hacia nosotros, la compasión por los que no han creído, y la misión que el Señor Jesucristo le dejó a la iglesia. Una cosa es asumir una responsabilidad para obedecer a Dios en la empresa evangelística, y otra es operar a base de culpabilidad. Esto en cierta manera es negar el mismo mensaje que proclamamos. ¿Cómo vamos a predicar acerca del perdón que Dios ofrece gratuitamente a los que creen en Jesús si nosotros mismos estamos cargados con sentimientos de culpa? ¿No se ría mejor que aquellos con quienes hablamos puedan captar la paz y el amor que proviene del Salvador que vive en nosotros y nos da poder por el Espíritu Santo para obedecerle?

De manera que con un cambio de concepto también podemos experimentar una transformación en nuestro caminar cristiano. Los principios mencionados a continuación ayudarán a liberarnos a fin de que seamos más efectivos en nuestros esfuerzos evangelísticos.

De manera que con un cambio de concepto también podemos experimentar una transformación en nuestro caminar cristiano. Los principios mencionados a continuación ayudarán a liberarnos a fin de que seamos más efectivos en nuestros esfuerzos evangelísticos.

El amor debe caracterizar nuestros esfuerzos evangelísticos

Casi nunca pasamos mucho tiempo en la iglesia sin escuchar algunos de los pasajes de las Escrituras que destacan el amor de Dios hacia los pecadores, como los siguientes:

> *«Porque Cristo, cuando aún éramos débiles, a su tiempo murió por los impíos. Ciertamente, apenas morirá alguno por un justo, con todo, pudiera ser que alguno osara morir por el bueno. Mas Dios muestra su amor para con nosotros, en que siendo aún pecadores, Cristo murió por nosotros»* (Ro 5:8)

> *«Yo soy el buen pastor; el buen pastor su vida da por las ovejas»* (Jn 10:11)

> *«Porque el amor de Cristo nos constriñe, pensando esto: que si uno murió por todos, luego todos murieron; y por todos murió, para que los que viven, ya no vivan para sí, sino para aquel que murió y resucitó por ellos»* (2 Cor 5:14-15)

Indudablemente que tenemos el texto más precioso acerca del amor de Dios en Juan 3:16:

> *«Porque de tal manera amó Dios al mundo, que ha dado a su Hijo unigénito, para que todo aquel que en él cree, no se pierda, mas tenga vida eterna»* (Jn 3:16, RVR 1960).

No obstante, con tanta enseñanza que recibimos acerca del amor, ¿por qué a veces carecemos de ese sentimiento tanto para los incrédulos como para nuestros hermanos en la fe?

Hay, por lo menos, cuatro actitudes que debemos cambiar, si es que nuestros esfuerzos son eficaces tanto en la evangelización como en la edificación:

Despreciar a los incrédulos por ser «pecadores»

Hablando sobre la evangelización, una joven activa en cierta iglesia aconsejó a otro muchacho acerca de cómo comunicarles la Palabra de Dios a los incrédulos diciéndole: «Piensa en ellos solo como pecadores». Tal parece que olvidó que ella fue una de esos «pecadores» y que aún tenía capacidad para desobedecer. Pablo, en un contexto que trata de la tentación, amonesta a los creyentes con estas palabras: «*Así que, el que piense estar firme, mire que no caiga*» (1 Co 10:12). Los incrédulos son «pecadores», por supuesto, y nos cuesta amarlos. Pero podemos aprender de la disposición del Salvador: «*Y salió Jesús y vio una gran multitud, y tuvo compasión de ellos, porque eran como ovejas que no tenían pastor; y comenzó a enseñarles muchas cosas*» (Mr 6:34). El problema no es hacerle saber a alguien que es «pecador», sino hacerlo de manera que lo acepte irrevocablemente, y no decirlo con altivez, superioridad, o mala memoria.

Aislarnos en vez de separarnos del mundo

Hay ciertas relaciones con los incrédulos que la Biblia prohíbe (por ejemplo, casarse). Pero una cosa es separarse y otra aislarse de ellos. Pablo escribe estas sorprendentes palabras: «*Os he escrito por carta, que no os juntéis con los fornicarios, no absolutamente con los fornicarios de este mundo, o con los avaros, o con los ladrones, o con los idólatras; pues en tal caso os sería necesario salir del mundo*» (1 Co 5:9-10). Esto concuerda con la oración de Jesús a favor de los suyos: «*No ruego que los quites del mundo, sino que los guardes del mal. No son del mundo, como tampoco yo soy del mundo. Santificados en tu verdad; tu palabra es verdad. Como tú me enviaste al mundo, así yo los he enviado al mundo*» (Jn 17:15-18). De manera que una cosa es «estar» con los del mundo y otra «actuar» como los del mundo. Necesitamos amor, fortaleza y discernimiento para saber en qué debemos compartir con los no creyentes y cómo comunicarles en una manera amorosa que no podemos participar con ellos en ciertas cosas. El problema con muchos de nosotras es que después de estar en la iglesia por un tiempo tenemos cada vez menos amistades incrédulas. ¿Puede nombrar a tres no creyentes que conozca, a quienes debería hablar acerca del Salvador?

Fingir amistad con un incrédulo con el único motivo de testificarle

A veces se aboga a favor de la evangelización en base a la amistad. En verdad, eso puede facilitar nuestro testimonio ante los incrédulos. No obstante, debe existir una amistad genuina, crea o no la persona. Los cristianos que estamos a favor de lo real, genuino y verídico podemos tener amistad sincera con personas ajenas a la fe (manteniendo siempre nuestro testimonio ante ellos). ¿Cómo vamos a utilizar una base falsa para comunicar la verdad eterna? El hecho de que alguien no crea en Jesús no significa que sea un insensible. Las personas se pueden dar cuenta si somos sinceros o estamos fingiendo. Sin dudas, no podemos experimentar el amor íntimo, profundo, y fraternal que puede existir entre creyentes con alguien que no conoce al Salvador. Pero eso no quita que pueda existir la amistad a algún nivel.

Olvidar el papel del amor corporal

Cierto pastor enfatiza la necesidad del amor y la unidad entre los creyentes como lo más apropiado para la evangelización personal. Es decir, aboga por la evangelización eficaz en un contexto de amor mutuo en el cuerpo de Cristo. De manera que el amor entre creyentes sirve como testimonio a los incrédulos. Jesús enseñó: «*Un mandamiento nuevo os doy: Que os améis unos a otros; como yo os he amado, que también os améis unos a otros. En esto conocerán todos que sois mis discípulos, si tuviereis amor los unos con los otros*» (Jn 13:34-35). También observamos en la oración por los suyos: «*Mas no ruego solamente por éstos, sino también por los que han de creer en mí por la palabra de ellos, para que todos sean uno, como tú, oh Padre, en mí, y yo en ti, que también ellos sean uno en nosotros: para que el mundo crea que tú me enviaste*» (Jn 17:20-21). Así, cada creyente expresa el amor y la unidad que manifiestan al mundo la realidad del Salvador.

¡Me seréis testigos!

El doctor Sellers, profesor de teología, estuvo visitando dos y tres veces por semana a Jack, un anciano enfermo y endurecido. El hombre agonizante no creía en Jesús ni lo rechazaba. Sellers deseaba persuadirlo antes de que muriera. Unos meses antes Jack no quería que nadie le hablara del evangelio. Una vez, sin embargo, estuvo escuchando al profesor de Biblia mientras elogiaba a uno de sus amigos en el velorio de este. Dicho amigo murió poco después de creer en Jesús por media del testimonio de Sellers. Ahora, el mismo profesor que Dios usó para testificarle a su amigo lo visitaba dos y tres veces a la semana para acompañarlo, hablarle, y leerle las Escrituras. Un tiempo después de aquella muerte, un problema serio de salud lo dejó confinado a un asilo. Allí escuchaba mientras el profesor le leía del Evangelio según San Juan.

Durante las visitas el profesor le había comunicado el evangelio y presentado verdades escriturales a fin de que creyera, pero sin resultados. Ni siquiera la realidad de la condenación eterna lo conmovía a creer en Jesús. Pero un día leyeron Juan 1.12: «*Mas a todos los que le recibieron, a los que creen en su nombre, les dio potestad de ser hechos hijos de Dios*», y el profesor le preguntó: «Jack, ¿quisieras ser hijo de Dios?» El anciano pensaba que ya lo era. Sellers le explicó que solo creyendo en Jesús se puede ser hijo de Dios. El hombre al fin creyó. De todo lo que se le dijo, la verdad de que solo los que creen en Jesús pertenecen a la familia de Dios fue lo que el Señor usó para que Jack creyera. Dos meses después su condición empeoró y murió, ya habiendo creído en el Salvador.

Jack necesitaba saber una verdad en particular (el hecho de que no pertenecía a la familia de Dios, como él pensaba) que lo persuadiera a creer en Jesús. El profesor Sellers fue fiel durante un año de visitas semanales antes de que llegara la ocasión en la que el hombre creyó. Sus visitas no garantizaban que el anciano creyera. No obstante, el amor que las motivaba para consolar al hombre enfermo y para testificarle, fueron razón suficiente para que reconociera su necesidad de salvación y creyera en Jesús. ¿Cómo podemos tener semejante compasión por los no creyentes?

Esa compasión florece en el marco comprensivo de la gracia de Dios. Un concepto correcto de esa gracia siempre cambia nuestra perspectiva acerca de la evangelización.

¡Me seréis testigos!

Debemos tener un conocimiento comprensivo de la gracia de Dios

La gracia de Dios es una realidad tan poderosa para la evangelización como para la edificación y el discipulado. No nos sorprende por ello que el enemigo haga todo lo posible para confundir a la iglesia respecto a su significado. Maestros de la Biblia definen la gracia como el favor gratuito de Dios hecho posible por la muerte de Jesús; a pesar de que merecemos su juicio y condenación. De manera que la gracia tiene varias características. 1. Es gratuita, esto es, se recibe sin que demos algo a cambio. 2. Se enmarca en el contexto de la condenación que merecemos a causa de nuestro pecado. 3. Fue facilitada por la muerte de Jesús a nuestro favor y no por nuestras obras. Así que el momento en que decimos que podemos ganar o merecer la gracia, ella deja de ser. No tiene que ver nada con nuestros méritos. En cuanto a la salvación, la gracia tiene su fuente en Dios y no en algún mérito nuestro. Varios textos destacan la naturaleza de la gracia:

> «*Y si por gracia, ya no es por obras; de otra manera la gracia ya no es gracia. Y si por obras, ya no es gracia; de otra manera la obra ya no es obra*» (Ro 11:6)

> «*Porque ya conocéis la gracia de nuestro Señor Jesucristo, que por amor a vosotros se hizo pobre, siendo rico, para que vosotros con su pobreza fueseis enriquecidos*» (2 Co 8:9)

> «*No desecho la gracia de Dios; pues si por la ley fuese la justicia, entonces por demás murió Cristo*» (Gá 2:21)

> «*Porque por gracia sois salvos por medio de la fe; y esto no de vosotros, pues es don de Dios; no por obras, para que nadie se gloríe. Porque somos hechura suya, creados en Cristo Jesús para buenas obras, las cuales Dios preparó de antemano para que anduviésemos en ellas*» (Ef 2:8-10)

> «*Justificados, pues, por la fe, tenemos paz para con Dios por medio de nuestro Señor Jesucristo*» (Ro 5:1)

Es claro que si el incrédulo debe ganar la salvación con sus obras, no solo cambiaría las afirmaciones de las Escrituras que acabamos de leer, sino también la naturaleza del mensaje del evangelio. En vez de ofrecer el regalo de la vida eterna, proclamaríamos el esfuerzo humano por alcanzar el favor divino. Las «buenas nuevas» serían más bien proclamación de condenación ya que «*por las obras de la ley ningún ser humano será justificado delante de Él*» (Ro 3:20a).

Cierta noche estaban reunidos varios alumnos de un curso de «Nuevo Testamento y vida cristiana». En aquel grupo había un estudiante que apenas hablaba en la clase, pero esta vez dijo algo sencillo, aunque muy profundo, que impactó a todos. Lo expresó en tres palabras: «Nadie muere perfecto». Todos reconocieron la verdad incuestionable de la afirmación. Ellos sabían que Dios no puede aceptar ni siquiera un pecado, lo cual presenta un problema: ¿Cómo pueden evadir la condenación aquellos que la merecen? El asunto empeora cuando reconocemos otra verdad: «Nadie vive perfecto». Esta última afirmación explica la primera. Nadie muere perfecto porque nadie vive perfecto. Aquí comenzamos a comprender la grandeza y la necesidad inevitable de la gracia de Dios. Solo las personas perfectas pueden desecharla. ¿Conoce a alguien así? De manera que no podemos morir perfectos, pero sí *justificados* en base a la obra de Jesús.

Un pastor reconocido cuenta que estaba sentado en un avión que venía lleno de pasajeros. Cuando la nave empezó a alzar vuelo el pastor vio que algunos pasajeros levantaron los pies como para ayudar al avión a despegar. «¡Qué ridículo!», pensó. La «contribución» de los pasajeros no tuvo nada que ver con que el aparato levantara el vuelo. Así ocurre con la gracia de Dios. Él se encargó de hacer el esfuerzo necesario para proveer nuestra salvación. Nosotros, en cambio, recibimos gratuitamente el beneficio salvífico que Él nos da.

Consideremos los siguientes principios:

La gracia cambia nuestra actitud condenatoria en una compasiva.
Una perspectiva clara con respecto a la gracia reconoce que ni nosotros ni los demás tienen derechos ante Dios para salvarse. La gracia nos lleva de nuevo al pie de la cruz, allí donde el Salvador derramó su sangre y proclamó: «Consumado es». Un maestro bíblico afirmó que lo único que aportamos a nuestra salvación es ¡nuestro pecado! Jesús pagó por el regalo de la vida eterna ciento por ciento, y la

ofrece gratuitamente a los que merecen condenación. Esto nos ayuda a poner las cosas en la perspectiva correcta. Por lo tanto, frente a la cruz todos quedamos en el mismo plano en cuanto a la salvación (Ro 3:23).

La gracia caracteriza el mensaje bíblico de salvación por fe. Hay quienes afirman que cumplir los mandamientos de una forma u otra nos hace ganar el cielo. Hay un problema básico con esa afirmación: Si es cierta, Dios tendría que dejar de ser Dios. ¿Por qué? Porque nadie, creyente o no, cumple o ha cumplido los mandamientos. Jesús fue el único que lo hizo. Por lo tanto, nadie puede pensar llegar allí por esa vía. La única forma sería si Dios mismo modificara su carácter y su ley de manera que solo tuviéramos que aproximarnos a lo que Él dice y no alcanzarlo en sí. Pero, esta «solución» implica que Él modificaría su santidad y justicia a fin de acomodar a los pecadores como nosotros. Así que recibir la vida eterna como regalo es la única opción. Pablo afirma: «*¿Dónde pues está la jactancia? Queda excluida. ¿Por cuál ley? ¿Por la de las obras? No, sino por la ley de la fe. Concluimos, pues, que el hombre es justificado por fe sin obras de la ley*» (Ro 3:27-28, RVR, 1960).

La gracia enfoca el seguimiento en su base correcta: la gracia misma. Muchas veces enfatizamos la gracia respecto al incrédulo tratando de que este entienda la justificación por fe y no por obras, y olvidamos que la vida cristiana también se basa en la gracia. El apóstol Pablo luchaba para que el creyente viviera bajo la libertad, obediencia y madurez cristiana que solo la gracia puede facilitar (véase su Epístola a los Gálatas). En un pasaje significativo de la carta a Tito, el apóstol presenta la gracia como nuestra *maestra* para una vida que agrade al Señor: «*Porque la gracia de Dios se ha manifestado para salvación a todos los hombres, enseñándonos que, renunciando a la impiedad y a los deseos mundanos, vivamos en este siglo sobria, justa, y piadosamente, aguardando la esperanza bienaventurada y la manifestación gloriosa de nuestro gran Dios y Salvador Jesucristo, quien se dio a sí mismo por nosotros para redimirnos de toda iniquidad y purificar para sí un pueblo propio, celoso de buenas obras*» (Tito 2:11-15).

Una pregunta surge dondequiera que se enseña esta doctrina bíblica: ¿Quiere decir la gracia que podemos pecar todo lo que se nos antoje? Plantear la pregunta y responderla es lo mismo. El Dios santo al que servimos no le da permiso a nadie para pecar. Pero esto no quita que la salvación sea por gracia y no por obras. El problema es que al hombre le cuesta creer que Dios salva a los pecadores gratuitamente. Dios quiere que todos (creyentes y no creyentes) hagan lo correcto, pero ¡nadie puede comportarse lo suficiente bien como para evadir la condenación!

Es interesante observar que Pablo califica la gracia como *maestra* del creyente. Ella nos enseña a obedecer. Eso nos ayuda a comprender que la obediencia que Dios ordena al creyente alcanza su motivación más pura cuando reflexionamos en, y creemos, el amor que Dios tiene para con nosotros. Cuando la grandeza del amor de Dios se arraiga en nuestros corazones, brota la obediencia cristiana.

Así, solo la enseñanza de una salvación gratuita motiva al creyente a realizar las obras que agradan a Dios y para lo cual Él nos salvó. Fuimos salvos sin obras, pero para obrar. Es más, la única obra que salva eternamente es la que Dios hace para salvarnos. Nada que hagamos antes o después de creer contribuye al sacrificio de Jesús a nuestro favor.

Además, el apóstol Pablo, en su epístola a los Gálatas, desarrolla la tesis de que el creyente solo puede madurar bajo la gracia. No solo somos salvos por gracia sino que también maduramos por ella:

> «*Estoy maravillado de que tan pronto os hayáis alejado del que os llamó por la gracia de Cristo, para seguir un evangelio diferente. No que haya otro, sino que hay algunos que os perturban y quieren pervertir el evangelio de Cristo*» (Gá 1:6-7)

> «*Porque yo por la ley soy muerto para la ley, a fin de vivir para Dios. Con Cristo estoy juntamente crucificado, y ya no vivo yo, mas vive Cristo en mí, y lo que ahora vivo en la carne, lo vivo en la fe del Hijo de Dios, el cual me amó y se entregó a sí mismo por mí. No desecho la gracia de Dios; pues si por la ley fuese la justicia, entonces por demás murió Cristo*» (Gá 2:19-21)

> «*¡Oh, gálatas insensatos! ¿Quién os fascinó para no obedecer la verdad, a vosotros antes cuyos ojos Jesucristo fue ya presentado claramente entre vosotros como crucificado? Esto solo quiero saber de vosotros: ¿Recibisteis el Espíritu por las obras de la ley, o por el oír con fe? ¿Tan necios sois? ¿Habiendo comenzado por el Espíritu, ahora vais a acabar por la carne?*» (Gá 3:1-4)

¡Me seréis testigos!

«*Porque vosotros, hermanos, a libertad fuisteis llamados; solamente que no uséis la libertad como ocasión para la carne, sino servíos por amor los unos a los otros. Porque toda la ley en esta sola palabra se cumple: Amarás a tu prójimo como a ti mismo. Pero si os mordéis y os coméis unos a otros, mirad que también no os consumáis unos a otros*» (Gá 5:13-15)

De modo que la gracia juega un papel central en nuestra motivación, en nuestro mensaje, y en la madurez cristiana. Nuestros esfuerzos deben caracterizarse por la gracia, nuestro mensaje de salvación tiene su base en la gracia, y la madurez cristiana solo se puede desarrollar bajo la gracia.

El obrero cristiano que vive consciente de la gracia de Dios querrá que su persona y forma de presentar el evangelio concuerden con ella. Muchas personas no han recibido suficiente amor, esperanza y misericordia. No podemos reemplazar lo que Dios da, pero sí dar cierto reflejo de lo que el Señor puede traer a una vida.

Debemos presentar nuestro mensaje de manera agradable

Dios decidió usarnos en la empresa evangelística. Entonces, ¿por qué no comunicar las buenas nuevas de manera atractiva? Hay un pasaje en los evangelios que nos da una idea de cómo las personas reaccionaban ante la enseñanza de Jesús. En el Evangelio según San Marcos leemos que «*la gran multitud le escuchaba con gusto*» (Mr 12:37). No siempre hubo una reacción antagónica a la enseñanza del Señor. ¿Cómo podemos hacer que nuestro mensaje tenga una buena recepción? Hay varias maneras. Entre ellas encontramos las siguientes:

Podemos influir a las personas con nuestro carácter. A veces hallamos creyentes con «doble personalidad» en las iglesias. Cuando llegan al servicio de adoración dominical tienen un trato diferente al que muestran ante sus compañeros de trabajo y su familia durante la semana. Como es el caso de una señora que oraba antes de almorzar delante de sus compañeras de trabajo y después las trataba mal, chismeaba, y se dirigía a las personas de manera dura. Una de ellas que no era creyente dijo: «Si esa es cristiana, no quiero ser como ella».

¡Me seréis testigos!

Como creyentes no debemos tener una sonrisa falsa pintada en la cara dondequiera que estemos, sin importar cuán tristes o difíciles sean las circunstancias. Pero con la ayuda del Señor debemos ser agradables, considerados y respetuosos hacia aquellos creados a la imagen de Dios, aunque no compartan nuestra fe.

Podemos influir a las personas con nuestra presencia. Este principio no enfatiza una moda en particular (o un tema relacionado) sino la limpieza, el orden, los modales, la cortesía y cualquier otro aspecto sano que pueda ser de agrado a aquellos que queremos que nos escuchen. Es decir, no debemos hacer de la comunicación del mensaje algo muy difícil para el que nos oye. Además, debemos cuidar del mal aliento u otras cosas desagradables que puedan dañar la comunicación eficaz del evangelio.

Podemos influir a las personas con nuestro testimonio. Una reputación consecuente es lo más agradable y atractivo en cualquiera que proclama las buenas nuevas de salvación. Los incrédulos reconocen cuando alguien toma en serio lo que el Señor habla y cuando alguien toma en serio lo que el Señor habla y cuando no. Hacer obras caritativas, cumplir con nuestras responsabilidades en el trabajo, y mostrar obediencia abre puertas para difundir el evangelio. Lo contrario las puede cerrar también.

A veces hacemos más para alejar a las personas que para ganarlas. En efecto, nos acostumbramos a la evangelización ansiosa que demanda que la persona a quien le estamos testificando crea en el momento y hasta a la fuerza. Alguien atestiguó la siguiente escena: Un evangelizador frenético le tenía la cabeza agarrada a un «inicuo» con las dos manos mientras lo exhortaba a gritos: «¡Cree!, ¡Cree!» El hombre respondía: «¡No puedo!, ¡No puedo!» ¿Qué concepto del mensaje cristiano se habrá llevado aquella persona? Es imposible forzar a alguien a creer. Testificar con amor, persuasión y, sobre todo, verdad siempre es la mejor opción.

En una ocasión un joven no creyente invitó a un cristiano a cenar. Mediante esa relación amistosa, podría examinar el cristianismo de manera cercana. El creyente decidió expresarse como amigo y no como «misionero». Es decir, no quería que su amigo pensará que como creyente solo deseaba hablarle acerca de la Biblia. No obstante, dejó abierta la posibilidad de que el Señor le diera la oportunidad para testificar. Luego descubrió que el Señor tenía sus planes para el encuentro. Durante la conversación, y de manera muy natural, comenzaron a platicar acerca de la diferencia entre lo que enseña el cristianismo acerca de la salvación por gracia en contraste con las creencias que afirman que debemos ganarla por medio de las buenas obras.

Conversaron acerca de la manera en que Jesús pagó por todos nuestros pecados, y concluyeron que, por lo tanto, no podíamos agregar nada a aquella perfecta obra del Salvador.

En un momento durante la conversación, el muchacho dijo con sinceridad: «¡Qué bien sabes explicar esto!» El cristiano sabía que su reacción no la causó ninguna habilidad especial de él. No fue hasta mucho después que se dio cuenta de lo que *Dios* hizo en aquel joven durante esa sencilla conversación. Comprendió que la vida eterna era un regalo por el que Jesús pagó ciento por ciento con su muerte en la cruz. Reconoció que pese a las obras que hiciera, nunca alcanzaría la perfección, ni merecería ser salvo.

Mientras conversaban, el Señor obró en el muchacho que escuchaba. En un instante (conocido solo por Dios), el joven creyó. Su reacción dio testimonio de que Jesús era su Salvador. Por otro lado, el creyente le testificó como algo natural, agradable y no forzado, y en un contexto amistoso.

Nuestro mensaje, por cierto, a veces dará lugar a la persecución y al antagonismo (como veremos en la lección 4. No obstante, tenemos cierto control sobre la manera de presentarlo. Hay varias formas de hacer el mensaje atractivo a los demás, sin cambiar su naturaleza.

Podemos comunicar las mismas buenas nuevas con métodos diversos

Hay muchos métodos valiosos empleados con gran éxito por diversas personas y en diferentes contextos, entre los que encontramos:

¡Me seréis testigos!

campañas evangelísticas en la iglesia con predicadores invitados, visitación puerta a puerta, visitas evangelísticas a aquellos que llegan a la iglesia por primera vez, proyección de películas o vídeos con mensaje evangelístico, dramatizaciones, y el uso de tratados. Hay muchas maneras de captar la atención inicial de una persona, motivarla a reflexionar sobre su condición sin Cristo, y ayudarla a comprender la naturaleza gratuita de la oferta de salvación.

Captar la atención mediante algún comentario o pregunta con implicaciones para la vida espiritual puede ayudar a iniciar conversaciones evangelísticas. Nuestro Señor usaba preguntas y comentarios que captaban el interés y dirigían a las personas a ciertas verdades espirituales (un ejemplo clásico es el relato de la mujer samaritana y la conversación acerca del agua viva que Él le ofreció). Por cierto, no todos tenemos ese talento ni tampoco se nos ordena que usemos dicho método. No obstante, como muestran los siguientes ejemplos, hay ocasiones oportunas para comentarios que abren la puerta a la evangelización o que sirven para edificación:

- Un obrero cristiano que viajaba en taxi experimentó lo siguiente. Cuando el taxista le preguntó: «¿A dónde va?», el creyente respondió: «Al lugar más bello que hay», refiriéndose al cielo, y buscando la manera de entablar una conversación acerca del evangelio.

- Varias personas estaban sentadas a la orilla del océano Atlántico cuando a una de ellas, creyente, se le ocurrió preguntar: «¿Qué creen que hay que hacer para ir al cielo?» Alguien respondió de la manera común, esto es salvación por obras, lo cual proveyó una oportunidad perfecta para hablar de la salvación gratuita por la que Jesús pagó.

- Humberto, un joven cristiano, ante alguien que hablara del zodiaco y le preguntara cuál era su signo, siempre respondía de esta manera: «Mi signo es la cruz». Sin dudas, no es la respuesta esperada. Despertaba la curiosidad en el oyente.

No siempre tiene que ser algo «inteligente» o «humorístico». A veces puede ser algo que la persona no espera o que introduce el tema de manera sencilla. El Señor nos colocará en diferentes situaciones que se prestan a introducir el tema de la salvación eterna. ¿Recuerda alguna ocasión en la que alguien que no sabía que usted era creyente trató de iniciar una conversación evangelística con usted? ¿Hay ejemplos de su propia vida que demuestran maneras en las cuales usted pudo interesar a alguien en el evangelio?

También podemos reunir preguntas e ilustraciones que motiven a las personas a reflexionar acerca de su condición espiritual y la salvación que Dios ofrece. Por ejemplo, muchos viven bajo el concepto erróneo de que no son tan «malos» como otros y que son mejores, o por lo menos tienen un cincuenta por ciento de probabilidad de que son suficientemente buenos como para ganarse el cielo (algo imposible, por cierto).

Se miden a sí mismos en comparación con criminales y maleantes, y concluyen que ellos andan bien ante Dios. Tal vez hemos escuchado a alguien decir: «Ya no le hago mal a nadie y trato de hacerle bien a quien pueda». A veces agregan algo como: «Cada rato digo una mentira piadosa, pero eso es todo». Requieren una definición precisa de lo que Dios pide y una visión clara de cuán fácil es fallarle. Necesitan las enseñanzas del apóstol Pablo a los romanos y a los gálatas: «*Porque por las obras de la ley ningún ser humano será justificado delante de Él; pues por medio de la ley viene el conocimiento del pecado*» (Ro 3:20), y «*porque todos los que son de las obras de la ley están bajo maldición, pues escrito está: Maldito todo aquel que no permanece en todas las cosas escritas en el libro de la ley, para hacerlas*» (Gál 3:10)

Hay ilustraciones muy eficaces para comunicar dichas verdades. Una de las mejores se encuentra en un programa popular de evangelización y se titula: «Tres pecados al día». Esta demuestra que si una persona solo pecara tres veces al día (en cualquier forma, sea pensamiento o acción), al cabo de un año tendría más de mil pecados a su cuenta. Si multiplicamos esto por 70 años (el promedio de vida), el cálculo crece a más de setenta mil pecados. La ilustración entonces compara el destino de alguien que se presenta ante un juez humano con setenta mil ofensas a su cargo y nuestra esperanza delante de un Juez perfecto a la luz de que todos pecamos más de tres veces al día.

La enseñanza de la ilustración es clara: «*Sabiendo que el hombre no es justificado por las obras de la ley, sino mediante la fe de Jesucristo, nosotros también*

¡Me seréis testigos!

hemos creído en Jesucristo, para ser justificados por la fe de Cristo y no por las obras de la ley, por cuanto por las obras de la ley nadie será justificado» (Gál 2:16). Santiago también lo afirma (Stg 2:10-11).

Una ilustración sencilla como el concepto de un regalo de cumpleaños, por otro lado, ayuda a la gente a comprender que otra persona, es decir, Jesús, compró el regalo de la salvación y no la que lo recibe. Ya que por lo regular, nadie paga por sus propios regalos de cumpleaños, dicha costumbre provee una manera fácil de comprender el obsequio de la vida eterna. Cuando recibimos un regalo de cumpleaños lo tomamos por fe, confiados en que quien nos lo da pagó por él, por lo tanto no debemos nada. Es más, podemos dar las gracias, pero dicha gratitud no paga el obsequio, sino que lo reconoce por lo que es.

También podemos formular preguntas que ayuden a que la persona reflexione y concluya que necesita un Salvador. Veamos este relato: «Un niño llegó a la iglesia una tarde y se sentó en los escalones de acceso. Uno de los pastores de la iglesia lo vio y comenzaron a hablar. El ministro decidió hablarle acerca de la vida eterna y le preguntó por qué pensaba que iría al cielo al morir. El niño respondió como muchas personas, afirmando que él era bueno. El pastor comenzó a buscar en qué podría fallar el niño a fin de despertar en él su necesidad del regalo de la vida eterna. Por lo tanto, le planteó algunas preguntas destinadas a hacerle reconocer que no era tan bueno como para merecerse el cielo. Dichas preguntas enfocaron la clase de pecado del que cualquier niño sería culpable. Cuando el pastor le dijo: "¿Nunca has dicho una mentira?" El niño respondió que no. El muchachito negaba toda clase de pecado hasta que el ministro le dijo: "¿Siempre has obedecido a tus padres?" Fue aquí cuando el niño descubrió que era pecador. Aquella tarde creyó en Jesús».

Otro método que se puede emplear es obsequiar un presente que le haga recordar a la persona lo que significa la gracia. Un obsequio que enfatice la naturaleza de la salvación. Por ejemplo, convidar a alguien a almorzar o a cenar se puede aprovechar como una valiosa oportunidad. A veces el invitado quiere dejar la propina. No obstante, páguela usted y use este ejemplo para demostrar que Jesús pagó el precio completo. Nosotros no podemos agregar nada. De manera que un regalo (ya sea en forma de artículo, invitación a comer, o sencilla ilustración), puede servir de recordatorio de la gracia de Dios demostrada en la muerte de Jesucristo a nuestro favor.

Pese a las diferentes metodologías disponibles, hay una motivación superior que debe guiar nuestros esfuerzos. Y en efecto, las sugerencias anteriores apuntan a ella: El amor que Dios mostró a pesar de nuestra rebelión.

Conclusión

Un pastor reconocido relata que cuando asumió su nuevo pastorado casi lo echaron de la iglesia. ¿Por qué? Porque comenzó a enfatizar la evangelización. Salir a evangelizar por la ciudad chocaba con las tradiciones de la congregación. Sorprendentemente la propia esposa del pastor no lo apoyaba. No quería unirse al programa de entrenamiento de la iglesia. Al fin la señora decidió pedirle a Dios una señal que le mostrará si debía participar en los esfuerzos evangelísticos. Así que salió llevando con ella literatura para repartir. Mientras estaba parada en una estación de tren, se le acercó un joven con una camiseta que llevaba la imagen del Che Guevara. Ella le dio la literatura y el joven vio que trataba del cristianismo. Él le dijo algo así: «Soy ateo y marxista. Acabo de estar en una iglesia y le pedí a Dios que si existía que me diera una señal. Tengo que montarme en el tren, así que tienes cinco minutos para explicarme el cristianismo».

La esposa del pastor no sabia qué decir, pero le explicó lo mejor que pudo acerca de Jesús. Ahora le pesaba no haberse preparado mejor, Dios la convenció de que debía participar en la evangelización. ¿Cómo está nuestra actitud hacia el evangelismo? ¿Estamos convencidos de que Dios nos quiere usar? Sigamos adelante para aprender confiados de que el Señor quiere que comuniquemos el mensaje sencillo de vida eterna por fe en Jesús.

Ideas para recordar

En las lecciones que siguen veremos que solo alcanzaremos el éxito en nuestros esfuerzos evangelísticos con la participación plena de Dios. No obstante, el Señor nos utiliza en el proceso. Los siguientes principios hacen que nuestras experiencias en la evangelización sean gratas y caracterizadas por la gracia de Dios.

- El amor debe caracterizar nuestra evangelización. ¿Cómo proclamaremos el amor de Dios sin demostrarlo? El creyente que evangeliza y participa en la edificación tendrá mejor resultado si comunica el amor de Dios en el proceso. De modo que puede reflexionar en dicho amor para con él y ministrar a otros, consciente de lo que el Señor hizo por él. Juan, en un contexto que habla de relaciones entre creyentes, escribe: «*Nosotros le amamos a él, porque él nos amó primero*» (1 Jn 4:19). El amor entre creyentes, sobre todo, facilitará la comunicación de nuestro mensaje. Podemos servir como ilustración viva de que Jesús, el Salvador del mundo, mora entre nosotros.

- Debemos tener un conocimiento comprensivo de la gracia de Dios. Esa gracia sirve como base tanto para la evangelización como para la vida cristiana. Representa el favor inmerecido que recibimos en base al sacrificio de Jesucristo. La obediencia libre, genuina, e impactante brota cuando en verdad captamos la gracia de Dios y su amor perseverante hacia nosotros. De manera que en vez de promover la desobediencia, la gracia sirve como base inmutable para recibir el regalo de la vida eterna y hacer lo que agrada a Dios.

- Debemos presentar nuestro mensaje de manera atractiva. Las personas son atraídas a lo creativo y agradable. Podemos usar la creatividad que Dios nos dio para comunicar su mensaje en forma precisa, clara, e interesante. Debemos hacer un inventario de la diversidad de talentos tanto en nuestra iglesia como en nuestra persona y ponerlos a trabajar para beneficio de muchos. No debemos remplazar la verdad y la enseñanza para que las cosas sean más divertidas, pero podemos usar la creatividad para derribar barreras y motivar a las personas a considerar el mensaje cristiano.

- Podemos comunicar las mismas buenas nuevas con métodos diversos. Entre estos últimos los hay muy conocidos hasta los más innovadores. Nos acostumbramos a los métodos que hemos

¡Me seréis testigos!

visto por años y que casi llegan a ser considerados como oficiales. No podemos innovar el mensaje, pero sí crear nuevas maneras diversas, dignas y hasta divertidas para comunicar las buenas nuevas de vida eterna.

El Señor hace lo imposible por nosotros en los esfuerzos de evangelización. Nosotros hacemos lo que está a nuestro alcance, lo que incluye usar la creatividad que Dios nos dio, cuidar de nuestra persona, mantener el concepto de la gracia divina, y expresar amor en esos esfuerzos a fin de que podamos comunicar el mensaje de salvación sin impedimento de nuestra parte.

Aplicación

1. ¿Por qué nuestro contacto con los incrédulos disminuye a medida que pasamos más tiempo en la iglesia?

2. Escriba al menos una idea propia que sea útil para evangelizar.

3. ¿Qué factores contribuyen a que nuestra actitud en la evangelización a veces sea más condenadora que amorosa?

4. ¿Qué papel juega la gracia en la vida del incrédulo y en la del creyente?

5. Nombre tres maneras en que los creyentes pueden estorbar la comunicación del evangelio y tres en que la faciliten.

Sesión 2: NICODEMO Y LA MUJER SAMARITANA

Introducción

El siguiente relato, titulado «El testimonio del primogénito», nos ayuda a enfocar el mensaje salvífico expresado en el Evangelio según San Juan. Sugerimos su lectura y reflexión acerca de su significado.

Antes de buscar el versículo que veremos con cuidado, y que habla acerca de *cómo* el creyente puede *saber* que tiene vida eterna, permítanme citarlo de la manera distorsionada en la que a menudo la presenta la imaginación torcida del hombre:

> «Estas felices emociones, os he dado a vosotros que creéis en el nombre del Hijo de Dios, para que sepáis que tenéis vida eterna».

Ahora, abra su Biblia, y mientras compara eso con la inmutable Palabra de Dios, ruegue que Él le conceda el poder decir junto con David: «*Aborrezco a los divididos de mente, empero amo tu ley*» (Sal 119:113). El pasaje citado de manera incorrecta es el versículo 13 del capítulo 5 de la primera epístola de Juan, y lee así en nuestra versión:

> *Estas cosas os he ESCRITO a vosotros que creéis en el nombre del Hijo de Dios, para que sepáis que TENÉIS VIDA ETERNA* [énfasis del autor].

¿Cómo sabían los primogénitos de Israel que estaban seguros la noche del juicio de Egipto? Visitemos dos de esos hogares y escuchemos lo que hablaban. En la primera casa descubrimos que todos estaban preocupados y temblando atemorizados. Les preguntamos por qué estaban así. El primogénito nos informó que el ángel de la muerte pasaría por allí, y que no sabía cómo estarían las cosas con él cuando llegara ese terrible momento.

¡Me seréis testigos!

«Cuando el ángel devastador haya pasado nuestro hogar», dijo: «y la noche de juicio termine, entonces sabré que estoy seguro, pero no sé cómo puedo estarlo por completo hasta entonces. Los que viven en la casa contigua dicen que están seguros de su salvación, pero nosotros creemos que presumen. Por mi parte, lo único que puedo hacer es pasarme la noche esperando que ocurra lo mejor».

«Bueno» —preguntamos— «pero ¿no ha provisto el Dios de Israel una manera para salvar a Su pueblo?»

«Claro que sí» —respondió el primogénito— «y nosotros la aprovechamos. Con un hisopo rociamos la sangre de una ovejita primeriza —sin mancha ni defecto, y de un año de edad—, en el dintel y los dos postes laterales, aunque todavía no tenemos certeza de protección». Dejemos ahora a estos temerosos personajes y entremos en el hogar de los vecinos.

¡Qué contraste tan impresionante! Sus caras brillan de gozo. Están listos para salir y con el cayado en la mano, mientras saborean el cordero asado. ¿Qué significará todo ese júbilo en una noche tan expectante como esa?

Como si leyeran nuestros pensamientos, nos dijeron: «Ah, solo estamos esperando la orden de avanzar de Jehová, y entonces le diremos adiós al afán de Egipto y al látigo cruel del amo».

Pero, esperen un momento, «¿olvidan que esta es la noche del juicio de Egipto?»

«Bien lo sabemos; pero nuestro primogénito está seguro. La sangre ha sido rociada de acuerdo al deseo de nuestro Dios».

«También la casa de aliado fue rociada» —respondemos— «pero ellos están tristes porque no saben si saldrán con bien de esto».

«Ah» —responde el primogénito con firmeza— «pero tenemos *más que la sangre rociada,* tenemos la Palabra inerrante de Dios. Él dijo: "Y cuando yo vea la sangre pasaré sobre vosotros". Dios descansa satisfecho con la *sangre* rociada por fuera, y nosotros descansamos con *Su Palabra por dentro».* La sangre rociada nos da seguridad. La Palabra hablada nos da certeza.

¡Me seréis testigos!

¿Puede algo damos más seguridad que la sangre rociada, o proveemos más certeza que Su Palabra hablada? Nada, absolutamente *nada*.

Ahora, permítame hacerle una pregunta. ¿Cuál de estas dos casas piensa que era la más segura? ¿La primera, donde todos estaban ansiosos, o la segunda, donde estaban gozosos? Aunque usted no lo crea, ambas eran igualmente seguras.

Su seguridad depende de lo que Dios piensa de la sangre rociada, y no del estado de las emociones de los habitantes de las casas.

Entonces, si quiere estar seguro de su propia bendición, no escuche el testimonio inestable de las emociones, sino el testimonio inerrante de la Palabra de Dios: "*De cierto, de cierto os digo: El que cree en mí, TIENE vida eterna*» (Jn 6:47, énfasis del autor. Traducido y adaptado de «*Safety, Security and Enjoyment, The Knowledge of Salvation*, por George Cutting, Journal of the Grace Evangelical Society, pp. 39-41.)

El Evangelio según San Juan refleja la misma enseñanza que la historia que acabamos de leer: confianza en la promesa de Dios acerca de la salvación. Jesús prometió: «*De cierto, de cierto os digo: el que cree en mí tiene vida eterna*». San Juan escribió su evangelio bajo la dirección del Espíritu Santo, con el propósito explícito de persuadir a los lectores a creer en Jesús: «*Hizo además Jesús muchas otras señales en presencia de sus discípulos, las cuales no están en este libro. Pero éstas se han escrito para que creáis que Jesús es el Cristo, el Hijo de Dios, y para que creyendo, tengáis vida en su nombre*» (Jn 20:30-31). En esta lección veremos cómo se cumple ese propósito a través de los relatos que narran los encuentros de Jesús con Nicodemo y la mujer samaritana.

Objetivos

1. Explorar la contribución del Evangelio según San Juan a la evangelización.

2. Examinar nuestras actitudes hacia los menospreciados en la sociedad o aquellos de una cultura particular con la que estamos asociados a fin de ajustarlas a la compasión de Dios hacia todo el género humano.

3. Participar en la evangelización y/o edificación individualmente o como parte de un equipo.

Lección

En el Evangelio según San Juan hay múltiples referencias a Jesús presentándolo como el Mesías que promete vida eterna a todos los que creen en Él. Veamos los siguientes ejemplos:

> *«Estas cosas sucedieron en Betania, al otro lado del Jordán, donde Juan estaba bautizando. Al día siguiente vio a Jesús que venía hacia él, y dijo: He ahí el Cordero de Dios que quita el pecado del mundo»* (Jn 1:28-29).

> *«Jesús les dijo: Yo soy el pan de vida; el que a mí viene, nunca tendrá hambre; y el que en mí cree, no tendrá sed jamás»* (Juan 6.35).

> *«Yo soy el pan vivo que descendió del cielo; si alguno comiere de este pan, vivirá para siempre; y el pan que yo daré es mi carne, la cual yo daré por la vida del mundo»* (Juan 6.51).

> *«Como me envió el Padre viviente, y yo vivo por el Padre, asimismo el que me come, él también vivirá por mí. Este es el pan que descendió del cielo; no como vuestros padres comieron el maná, y murieron; el que come de este pan, vivirá eternamente. Estas cosas dijo en la sinagoga, enseñando en Capernaum»* (Juan 6.57-59).

Las citas anteriores muestran cómo el evangelista Juan, el discípulo amado, quería dirigirnos hacia Jesús, el Mesías que asegura vida eterna a los que en Él creen.

Ahora bien, el apóstol Juan no solo quería presentarnos un relato de Jesús de Nazaret históricamente confiable, sino que esperaba que sus lectores creyeran en él. Es decir, Juan intenta convencer, no solo informar. El apóstol afirma que Jesús es un personaje histórico («*Y aquel Verbo fue hecho carne, y habitó entre nosotros [y vimos su gloria, gloria como del unigénito del Padre], lleno de gracia y verdad*», Juan 1.14). Pero él no escribe simplemente para enseñar que Jesús existió en la historia, sino para persuadir a los lectores a creer su proclamación: que es el Mesías que da vida eterna.

¡Me seréis testigos!

En efecto, al leer su evangelio descubrimos que ningún libro de la Biblia habla más acerca de creer en Jesús que este. Alguna variante de la palabra «creer» aparece aproximadamente cien veces en este evangelio, ¡más que en cualquier otro escrito bíblico! Por cierto, muchos conocemos el siguiente texto:

> «*Porque de tal manera amó Dios al mundo que ha dado a su Hijo unigénito para todo aquel que en él cree no se pierda mas tenga vida eterna*» (Juan 3.16).

Sin embargo, quizás no sepamos que el Evangelio según San Juan fue escrito para que los lectores creyeran en Jesús el Mesías, el «Salvador del mundo», y así tuvieran certeza de la vida eterna. Esto explica la abundancia de referencias a «creer» en el libro. Leamos cómo el evangelista nos comunica su propósito:

> «*Hizo además Jesús muchas otras señales en presencia de sus discípulos, las cuales no están en este libro. Pero éstas se han escrito para que creáis que Jesús es el Cristo, el Hijo de Dios, y para que creyendo, tengáis vida en su nombre*» (Jn 20:30-31).

La última porción del texto afirma el propósito de Juan al escribir: «*para que creyendo, tengáis vida en su nombre*» (Jn 20:31b). Es decir, creer en el Mesías resulta en vida eterna. Por otro lado, cuando leemos la primera parte del versículo 20 nos percatamos de que Juan habla de «señales». Estas hacen referencia a los milagros del Señor Jesús que confirman su identidad como el Mesías, y sirven para persuadir al no creyente.

Durante su propio ministerio Jesús les dijo a los incrédulos: «*Si no hago las obras de mi Padre, no me creáis. Mas si las hago, aunque no me creáis a mí, creed a las obras, para que conozcáis y creáis que el Padre está en mí, y yo en el Padre*» (Jn 10:37-38). Muchos estudiosos de la Biblia observan que en los primeros 12 capítulos de su evangelio, el apóstol amado nos relata 7 milagros de Jesús que culminan con la resurrección de Lázaro:

> Jesús convierte el agua en vino, 2:1-12
> Jesús sana al hijo de un noble, 4:1-26
> Jesús sana al paralítico, 5:1-15
> Jesús alimenta a los cinco mil, 6:1-14
> Jesús camina sobre las aguas, 6:15-21

¡Me seréis testigos!

Jesús sana a un ciego de nacimiento, 9:1-12
Jesús levanta a Lázaro de entre los muertos, 11:38-44.

Los milagros indicados confirman y comprueban la declaración de Jesús como el Mesías. Sin dudas, sus milagros sirvieron para beneficiar a los receptores originales, como también para proveer evidencia de su Persona.

Ellos recibieron la bendición de servir como testigos presenciales de los milagros de Jesús (21:24). Nosotros podemos recibir la bendición de creer sin haber visto (Jn 20:29). Pero, no debemos identificar este creer con la «fe ciega» en el sentido popular de la frase (es decir, creer sin base objetiva, racional, y confiable o «fe en la fe»).

A menudo escuchamos a aquellos que aconsejan a otros a «tener fe», o que afirman: «Siempre he creído en la fe», o que exhortan: «¡Ten fe!» Pero muchas veces dicha "fe" más bien es una "esperanza" creada y sostenida por la persona misma, esto es una creencia que «las cosas van a salir bien» aunque sin base confiable, racional, u objetiva.

Al contrario, Juan en su evangelio presenta información veraz e histórica (tenemos el testimonio de aquellos que vieron los acontecimientos), con contenido racional (hay verdad bíblica proposicional que se puede creer), y autoridad divina (Dios, que no puede mentir, respalda Su Palabra y sus promesas).

Por lo tanto, cuando Juan habla de aquellos que «creen sin haber visto» se refiere a los que son persuadidos por el testimonio verídico de testigos confiables a pesar de no haber presenciado los eventos de primera mano. Escribe para que nosotros, que no estuvimos presentes, tengamos la oportunidad de creer sin «ver». En Juan 11:25-16 leemos que Jesús hizo una afirmación seguida de una pregunta:

> *«Yo soy la resurrección y la vida; el que cree en mí, aunque muera vivirá, y todo aquel que vive y cree en mí, no morirá jamás. ¿Crees esto?»*

Las palabras «el que cree en mi, aunque muera vivirá» explican la primera parte de la afirmación de Jesús: «Yo soy la resurrección». Esto es, Jesús resucitará a todos los que creyeron en Él y murieron físicamente. Antes, en el evangelio, leímos que Jesús prometió:

¡Me seréis testigos!

«*Todo lo que el Padre me da, vendrá a mí, y al que a mí viene, no le echo fuera. Porque he descendido del cielo, no para hacer mi voluntad, sino la voluntad del que me envió. Y esta es la voluntad del Padre, el que me envió: Que de todo lo que me diere, no pierda yo nada, sino que lo resucite en el día postrero. Y esta es la voluntad del que me ha enviado: Que todo aquel que ve al Hijo, y cree en él, tenga vida eterna; y yo le resucitaré en el día postrero*» (Jn 6:37-40)

La segunda porción de la promesa, «*todo aquel que vive y cree en mi, no morirá jamás*» explica lo que significa que Jesús es «*la vida*». Jesús prometió lo siguiente con referencia a la vida eterna:

«*De cierto, de cierto os digo: El que oye mi palabra, y cree al que me envió, tiene vida eterna; y no vendrá a condenación, mas ha pasado de muerte a vida. De cierto, de cierto os digo: Viene la hora, y ahora es, cuando los muertos oirán la voz del Hijo de Dios; y los que oyeren vivirán*» (Jn 5:24-25)

Jesús promete tres resultados simultáneos para todo el que cree que Él es el Mesías: 1. *Tiene* vida eterna. 2. No *vendrá* a condenación. 3. *Ha pasado* de muerte a vida.

Es interesante observar lo que Jesús afirmó que los muertos que oigan su voz «*vivirán*». ¿A qué muertos se refiere? A primera vista, tal parece que allí nuestro Señor habla de la futura resurrección del cuerpo. Pero más bien es de la muerte espiritual, ya que Jesús dijo que la hora en la cual los muertos oirán «*ahora es*» (Jn 5:25) y sin dudas la resurrección del cuerpo no ha ocurrido aún. Mejor es reconocer una referencia a los incrédulos, que por naturaleza están muertos espiritualmente.

El apóstol Pablo refleja la misma enseñanza en su Epístola a los Efesios, cuando describe la condición de los incrédulos antes de ser regenerados por Dios: «*Esto, pues, digo y requiero en el Señor: que ya no andéis como los otros gentiles, que andan en la vanidad de su mente, teniendo el entendimiento entenebrecido, ajenos de la vida de Dios por la ignorancia que en ellos hay, por la dureza de su corazón*» (4:17-18).

Los incrédulos se hallan «*ajenos de la vida de Dios*», esto es, sin la vida espiritual que solo Él puede dar. Pero los creyentes en Cristo no están en esa condición, ya que «*han pasado de muerte a vida*» (Jn 5:24)

¡Me seréis testigos!

De manera que la promesa de Jesús trata tanto con la muerte física como con la espiritual. Jesús, como «*la resurrección y la vida*», vence a las dos muertes en la vida de cada creyente. Marta no se convirtió en esa ocasión. Marta, María, y Lázaro ya eran creyentes antes de la muerte de este último (véase Jn 11:1-5). El hecho de que Marta dijera «yo he creído» en respuesta a la pregunta de Jesús demuestra que creyó en Él *anteriormente:* «*Ella le dijo: Sí, Señor; yo he creído que tú eres el Cristo, el Hijo de Dios, el que viene al mundo*» (Jn 11:27).

Marta afirmó que Jesús era el «Cristo, el Hijo de Dios», porque comprendía que Él es «la resurrección y la vida». El que Jesús le preguntara aquí si creía no significa que dudara de la conversión de Marta. Más bien lo hizo para recordarle Su identidad y así anticipara el poder que pronto usaría para levantar de los muertos a Lázaro, su hermano fallecido. El hecho mismo confirma que Él tiene autoridad y poder para cumplir su promesa tanto de resurrección física como de vida eterna.

Ahora bien, el apóstol amado quiere que sus lectores tengan el mismo convencimiento que Marta y usa varias estrategias literarias para dirigirlos al mismo convencimiento. De manera que con relación a la evangelización podemos hacer tres observaciones antes de tratar con algunas de las enseñanzas en el libro en sí:

1. El Evangelio según San Juan es el mejor libro de la Biblia que podemos recomendar, ya sea para alguien que no ha creído en Jesús o que tiene dudas acerca de su propia salvación. ¿Por qué? Porque Juan escribe con el propósito explícito de que sus lectores crean en Jesús y tengan vida eterna (20.30-31). Por lo tanto, si hallamos a alguien que desee comenzar a leer la Biblia o tiene preguntas acerca del cristianismo, no fallemos en recomendar que empiecen con el Evangelio según San Juan. ¿Qué mejor libro para sugerir que uno que intenta persuadir al incrédulo?

2. Este evangelio no fue escrito para enseñarnos técnicas para la evangelización. En otras palabras, no se escribió para que aprendiéramos métodos para testificar (en efecto, como veremos, el mismísimo libro que escribió bajo la dirección del

Espíritu Santo es el «método» de Juan). De manera que el hecho de que Jesús le pidiera agua a la mujer samaritana no significa que necesariamente debemos pedirle algo a aquellos a quienes les testificamos. No obstante, hay muchas lecciones que aprender acerca de Jesús mismo y su mensaje, y de la manera en que trataba a las personas (por ejemplo, con «gracia y verdad»).

3. El evangelio tiene «poder persuasivo» en sí mismo. Es decir, aunque Dios puede usar otros libros en las Escrituras para conducir a alguien al Salvador, el Espíritu Santo dirigió a Juan a escribir un evangelio que cumpliera dicho propósito de manera especial. En otras palabras, el Espíritu y la Palabra obran juntos cuando alguien lee este evangelio, a fin de que los lectores terminen creyendo en Jesús.

Ya que debemos dejar que el Evangelio según San Juan «hable por sí mismo», exploraremos algunas de las enseñanzas que encontramos en los relatos de Nicodemo y de la mujer samaritana, así como también sus implicaciones para la evangelización.

Dios produce el nuevo nacimiento a través de su obra soberana

El encuentro de Nicodemo con Jesús nos instruye acerca del nuevo nacimiento y su naturaleza, verdades que aquellos que evangelizan deben conocer. Además, nos ilustra algunas de las características del Evangelio según San Juan.

> *«Había un hombre de los fariseos, llamado Nicodemo, prominente entre los judíos. Este vino a Jesús de noche y le dijo: Rabí, sabemos que has venido de Dios como maestro, porque nadie puede hacerlas señales que tú haces si Dios no está con él. Respondió Jesús y le dijo: En verdad, en verdad te digo que el que no nace de nuevo no puede ver el reino de Dios. Nicodemo le dijo: ¿Cómo puede un hombre nacer siendo ya viejo? ¿Acaso puede entrar por segunda vez en el vientre de su madre y nacer? Jesús respondió: En verdad, en verdad te digo que el que no nace de agua y del Espíritu no puede entrar en el reino de Dios. Lo que es nacido de la carne, carne es, y lo que es nacido del Espíritu, espíritu es. No te asombres*

de que te haya dicho: Os es necesario nacer de nuevo. El viento sopla donde quiere, y oyes su sonido, pero no sabes de dónde viene ni adónde va; así es todo aquel que es nacido del Espíritu. Respondió Nicodemo y le dijo: ¿Cómo puede ser esto? Jesús respondió y le dijo: Tú eres maestro de Israel, ¿y no entiendes estas cosas?» (Jn 3:1-10).

Notamos en primer lugar que el nacimiento espiritual se recibe de Dios gratuitamente, sin considerar mérito, esfuerzo, o sacrificio humano (3:3,5). Hallamos un pensamiento similar al principio del evangelio, cuando Juan describe a los creyentes como aquellos que «no nacieron de sangre, ni de voluntad de carne, ni de voluntad de varón, sino de Dios» (Jn 1:13).

Negamos la gracia cuando introducimos algún mérito o esfuerzo humano que describe a cualquiera como merecedor de salvación ante el Señor. La gracia representa el favor inmerecido de Dios, a pesar de que merecemos su condenación. Por lo tanto, observamos en ella dos aspectos: por un lado, no merecemos su favor; y por el otro, reunimos los requisitos para ser condenados.

Así que, en el instante en que pensemos que hemos logrado impresionar a Dios de modo que nos debe la vida eterna como recompensa, negamos la enseñanza escritural acerca de la gracia.

Reconocemos esa realidad con la sencilla ilustración de un regalo. Si alguien nos hace un obsequio en nuestro cumpleaños, por ejemplo, y nos pide que contribuyamos con algo para pagarlo, deja de ser gratuito. En Juan 15.25 leemos que Jesús afirma: «*Pero han hecho esto para que se cumpla la palabra que está escrita en su ley: Me odiaron sin causa*». La frase «sin causa» traduce una sola palabra griega, **dorean**, que aparece como «gratuitamente» en Romanos 3.24: «*Siendo justificados gratuitamente, por su gracia por medio de la redención que es en Cristo Jesús*». De manera que gratuito significa «no merecido», ya sea algo negativo (como el maltrato de los incrédulos hacia Jesús), o positivo (la justificación que Dios otorgó a los creyentes).

En segundo lugar, Dios obra de manera soberana en la salvación. El Espíritu Santo, que realiza la obra vivificadora y purificadora de regeneración, actúa en forma soberana y misteriosa. Nadie puede

¡Me seréis testigos!

forzarlo. Como el viento que «sopla donde quiere», el Espíritu trabaja de modo soberano. Pablo y Santiago también contribuyen a esta enseñanza:

> *«Nos salvó, no por obras de justicia que nosotros hubiéramos hecho, sino conforme a su misericordia, por medio del lavamiento de la regeneración y la renovación por el Espíritu Santo, que él derramó sobre nosotros abundantemente por medio de Jesucristo nuestro Salvador, para que justificados por su gracia fuésemos hechos herederos según la esperanza de la vida eterna»* (Tito 3:5-7)

> *«Toda buena dádiva y todo don perfecto desciende de lo alto, del Padre de las luces, en el cual no hay mudanza, ni sombra de variación. Él, de su voluntad, nos hizo nacer por la palabra de verdad, para que seamos primicias de sus criaturas»* (Stg 1:17-18)

De manera que nadie puede iniciar ni producir o sostener el nuevo nacimiento. *Dios* nos hace nacer «por la palabra de verdad». Así que cuando buscamos a quien agradecerle la salvación, solo podemos dar las gracias y la gloria a Dios.

Por último, notamos que el bautismo en aguas no es una condición para obtener la vida eterna. Aunque algunos piensan que nacer del «agua y del Espíritu» (Juan 3.5) significa que debemos bautizarnos para obtener vida eterna, ni el Evangelio según San Juan ni otro libro de la Biblia respalda dicha afirmación. Hay varias razones por las que el bautismo no puede ser un requisito para la vida eterna. Entre ellas encontramos las siguientes:

- El ladrón crucificado nunca fue bautizado y Jesús le prometió que estaría con él en el paraíso a pesar de su vida anterior (Lc 23:39-43).

- La Epístola de Pablo a los Romanos, que detalla cómo el hombre pecador puede ser justificado ante Dios en la división 1:18-4:25, nunca presenta al bautismo en agua como condición para la justificación.

- El mismo Evangelio según San Juan afirma la vida eterna por ***sola fide***, es decir, solo por fe, sin tomar en cuenta el bautismo. Por ejemplo, leemos que Jesús afirma:

¡Me seréis testigos!

> «*En verdad, en verdad, os digo: el que oye mi palabra y cree al que me envió, tiene vida eterna y no viene a condenación, sino que ha pasado de muerte a vida*»(Jn 5:24)

Intérpretes de la Biblia sugieren otras interpretaciones para el nacimiento del «agua y del Espíritu» que no requieren que el bautismo sea presentado como condición para vida eterna. Las más consecuentes asocian el agua con el propio Espíritu Santo o con su obra. Es decir las figuras —agua y viento— aparecen en el Antiguo Testamento como metáforas para la obra del Espíritu Santo en la regeneración:

> «*Sobre la tierra de mi pueblo subirán espinos y cardos, y aun sobre todas las casas en que hay alegría en la ciudad de alegría ... hasta que sobre nosotros sea derramado el Espíritu de lo alto, y el desierto se convierta en campo fértil, y el campo fértil sea estimado por bosque*» (Is 32:13,15)

> «*Porque yo derramaré aguas sobre la sequedad, y ríos sobre la tierra árida; mi Espíritu derramaré sobre tu generación, y mi bendición sobre tus renuevos; y brotarán entre hierba, como sauces junto a las riberas de las aguas*» (Is 44:3-4)

> «*Y me dijo: Profetiza al espíritu, profetiza, hijo de hombre, y di al espíritu: Así ha dicho Jehová el Señor: Espíritu, ven de los cuatro vientos, .y sopla sobre estos muertos y vivirán*» (Ez 37:9)

Es posible que cuando Jesús dijo: «*el que no naciere de agua y del Espíritu*» (Jn 3:5), Nicodemo comprendiera: «de agua y viento» ya que la palabra traducida «Espíritu» es la misma que se traduce como «viento». De manera que el agua y el viento sirven como dos metáforas para la obra vivificadora del Espíritu en la regeneración.

Es significativo ver cómo la idea del derramamiento del Espíritu «de lo alto» y los símbolos de agua y viento respecto a Él se hallan en el Antiguo Testamento como también aquí en el contexto de Juan 3. Nicodemo como «maestro de Israel» debería haber comprendido lo que Jesús estaba diciendo.

Es más, Dios ordena que cumplamos con el bautismo en agua y con la Santa Cena como parte de la vida de obediencia que Él prescribe para los creyentes. Pero eso no es condición para la salvación eterna. El bautismo no es una obra meritoria que concede vida eterna para los que participan en él.

¡Me seréis testigos!

Si decimos que el bautismo es una condición para la vida eterna, ¿por qué terminar con el mismo? y ¿qué de la Santa Cena? No quiere Dios que participemos de ella? Pero, ¿por qué concluir allí? ¿Por qué no incluir también la asistencia a la iglesia? Y, ¿qué de proveer para los necesitados? ¿Ser buen hijo, padre, madre, o esposo? ¿No tener envidia, lujuria, orgullo? Y, ¿por qué no considerar el no ser vago, glotón, o aprovechador?

Dios ordena que el creyente se bautice, que participe de la Santa Cena, que tenga comunión con otros creyentes en la iglesia, que provea para los necesitados, que sea buen hijo, padre, madre, o esposo, que viva sin envidia, lujuria, y orgullo, y que no se comporte como vago, glotón, o aprovechador. Si la salvación eterna dependiera de nuestro comportamiento, *nadie* la alcanzaría.

Todas estas cosas, hechas con el poder del Espíritu Santo, son condiciones para la *santificación* y la madurez cristiana, pero no para la *justificación*. Ahora, enfoquemos mejor el asunto. Veamos el siguiente relato: Había un cristiano que no reflejaba ni comunicaba el amor del Señor. Cuando alguien lo confrontaba con su mal comportamiento respondía con una pregunta como: «¿Y tú eres perfecto?» Y, ¿quién le respondería afirmativamente? Así, con esa táctica, justificaba sus malas acciones y desarmaba a la persona que lo confrontaba. Sin embargo, hay una respuesta para esa persona.

Las Escrituras reconocen que no podemos ser perfectos (¿entonces por qué incluir «*Y perdónanos nuestras deudas, como también nosotros perdonamos a nuestros deudores*» [Mt 6:12] en *el Padre nuestro*?). Pero sí nos instruye a ser maduros. Esa es una meta alcanzable como lo demuestran los siguientes textos. Y como tal representa una meta del discipulado:

> «*Sin embargo, hablamos sabiduría entre los que han alcanzado madurez...*» (1 Co 2:6a)

> «*Hermanos, si alguno fuere sorprendido en alguna falta, vosotros que sois espirituales, restauradle con espíritu de mansedumbre, considerándote a ti mismo, no sea que tú también seas tentado*» (Gá 6:1)

> «*Porque debiendo ya ser maestros, después de tanto tiempo, tenéis necesidad de que se os vuelva a enseñar cuáles son los primeros rudimentos de las palabras de*

¡Me seréis testigos!

Dios; y habéis llegado a ser tales que tenéis necesidad de leche, y no de alimento sólido. Y todo aquel que participa de leche es inexperto en la palabra de justicia, pero el alimento sólido es para los que han alcanzado madurez, para los que por el uso tienen los sentidos ejercitados en el discernimiento del bien y del mal» (Hb 5:11-14).

«Y él mismo constituyó a unos, apóstoles; a otros, profetas, a otros evangelistas, a otros pastores y maestros, a fin de perfeccionar a los santos para la obra del ministerio, para la edificación del cuerpo de Cristo, hasta que todos lleguemos a la unidad de la fe y del conocimiento del Hijo de Dios, a un varón perfecto, a la medida de la estatura de la plenitud de Cristo; para que ya no seamos niños fluctuantes, llevados por doquiera de todo viento de doctrina, por estratagema de hombres que para engañar emplean con astucia las artimañas del error, sino que siguiendo la verdad en amor, crezcamos en todo en aquel que es la cabeza, esto es Cristo, de quien todo el cuerpo, bien concertado y unido entre sí por todas las coyunturas que se ayudan mutuamente, según la actividad propia de cada miembro, recibe su crecimiento para ir edificándose en amor» (Ef 4:11-16).

El creyente del relato no se comportaba como la persona madura que Dios esperaba que fuera. La meta es llegar a ser como Jesús, Él es nuestro modelo. Y hacia esa meta debemos acercarnos cada vez más. Solo un maestro falso enseñaría que el cristiano tiene permiso para pecar después de haber creído, o que la desobediencia es una opción válida.

En primer lugar, la persona no tenía licencia para pecar antes de ser creyente. Ahora, al contrario, el creyente se encuentra en una posición de mayor responsabilidad para obedecer ya que tiene el recurso supremo para ayudarle: el Espíritu Santo. Pero nada de eso quita que la salvación eterna sea absolutamente gratuita, sin considerar ni siquiera una obra excepto la de Jesús a nuestro favor.

La porción que sigue aclara, sin error alguno, el costoso precio de la vida eterna que Dios ofrece gratuitamente como regalo:

«En verdad, en verdad te digo que hablamos lo que sabemos y damos testimonio de lo que hemos visto, pero vosotros no recibís nuestro testimonio. Si os he hablado de las cosas terrenales, y no creéis, ¿cómo creeréis si os hablo de las celestiales? Nadie ha subido al cielo, sino el que bajó del cielo, es decir, el Hijo del Hombre

> *que está en el cielo. Y como Moisés levantó la serpiente en el desierto, así es necesario que sea levantado el Hijo del Hombre, para que todo aquel que cree, tenga en él vida eterna. Porque de tal manera amó Dios al mundo, que dio a su Hijo unigénito, para que todo aquel que cree en él, no se pierda, mas tenga vida eterna. Porque Dios no envió a su Hijo al mundo para juzgar al mundo, sino para que el mundo sea salvo por él. El que cree en él no es condenado, pero el que no cree, ya ha sido condenado, porque no ha creído en el nombre del unigénito Hijo de Dios»* (Jn 3:11-18).

Podemos creer lo que Jesús dice. Como «*Hijo del Hombre*» que «bajó del cielo», Él conoce las verdades celestiales que necesitamos creer para recibir las bendiciones que el Padre tiene para nosotros. Ahora, no debemos perder de vista por qué Jesús, el Mesías, vino a la tierra. El evangelio lo describe aquí en términos de un episodio trágico en las páginas del Antiguo Testamento —que, sin embargo, muestra la gracia de Dios.

El Señor envió una plaga de serpientes como juicio contra los desobedientes en su nación escogida. Después proveyó la única manera de cancelar el castigo. Leamos el relato:

> «*Partieron del monte de Hor, por el camino del mar Rojo, para rodear la tierra de Edom, y el pueblo se impacientó por causa del viaje. Y el pueblo habló contra Dios y Moisés: ¿Por qué nos habéis sacado de Egipto para morir en el desierto? Pues no hay comida ni agua, y detestamos este alimento tan miserable. Y el Señor envió serpientes abrasadoras entre el pueblo, y mordieron al pueblo, y mucha gente de Israel murió. Entonces el pueblo vino a Moisés y dijo: Hemos pecado, porque hemos hablado contra el Señor y contra ti; intercede con el Señor para que quite las serpientes de entre nosotros. Y Moisés intercedió por el pueblo. Y el Señor dijo a Moisés: Hazte una serpiente abrasadora y ponla sobre una asta; y acontecerá que cuando todo el que sea mordido la mire, vivirá. Y Moisés hizo una serpiente de bronce y la puso sobre el asta; y sucedía que cuando una serpiente mordía a alguno, y este miraba a la serpiente de bronce, vivía*» (Nú 21:4-9).

Este episodio brinda el trasfondo para uno de los textos bíblicos más conocidos en el mundo entero, Juan 3.16. En el contexto inmediato anterior leemos: «*Y como Moisés levantó la serpiente en el desierto, así es necesario que sea levantado el Hijo del Hombre, para que todo aquel que cree, tenga en él vida eterna*» (Jn 3:14-15). De manera que el hombre no se salva a sí mismo, el nuevo nacimiento lo realiza Dios a nuestro favor sin considerar mérito alguno de parte nuestra.

Jesús sería «levantado» (es decir, crucificado, resucitado, y exaltado; véanse Juan 8:28; 12:32, por ejemplo) a fin de que «*todo aquel que cree en él, no se pierda mas tenga vida eterna*», y no hay otro camino ya que «*el que no cree ya ha sido condenado, porque no ha creído en el nombre del unigénito Hijo de Dios*». Jesús no deja otra opción cuando afirma: «*Yo soy el camino, la verdad, y la vida; nadie viene al Padre, sino por mí*» (Jn 14:6). Estudiosos de la Biblia han notado que si Jesús no es el único camino, como proclama, ni siquiera calificaría como *un* camino ya que no estaría diciendo la verdad acerca de ser el único. Pero si Jesús es el camino, como sin dudas lo es, ¡no debemos buscar ningún otro!

En resumen, tanto el evangelizador como el evangelizado deben reconocer que nadie merece vida eterna, ya que el mérito humano no tiene que ver nada con poseerla. Las obras no contribuyen en ninguna manera al nuevo nacimiento porque este es una obra soberana de Dios. Y el sacrificio de Jesús concuerda perfectamente con dichas afirmaciones.

La sección siguiente nos explica que la obra de Jesús sirve como la única y suficiente base para la vida eterna, y para el alcance universal del evangelio: no es para los privilegiados del mundo, sino para todos los que creen, cualquiera sea su trasfondo o posición.

Debemos dejar los prejuicios a un lado en la evangelización

Estudiosos del Evangelio según San Juan han descubierto varios contrastes en los relatos de Nicodemo y la mujer samaritana. Debemos explorar algunos de ellos antes de continuar:

Nicodemo	La samaritana
hombre	mujer
nombre revelado	no sabemos su nombre

¡Me seréis testigos!

Nicodemo	La samaritana
noche	mediodía
baja posición	alta posición
respetado	despreciada
en Jerusalén	en Samaria
entrenado en las	no entrenada
alta moralidad	baja moralidad

Esos detalles señalan que pese a las diferencias entre las personas, Dios salva; sin contemplar conocimiento, posición social, reputación, o moralidad. Alguien notó que la mayoría de las personas se hallan entre estos dos extremos. No obstante, todos necesitamos la gracia de Dios para poseer vida eterna.

El encuentro de Jesús y la mujer samaritana demuestra el tierno amor del Salvador y su habilidad para confrontar a las personas con la verdad. Hay mucho que aprender de este relato entre Jesús, un judío, y una mujer de los samaritanos, estos últimos despreciados por los israelitas. Los samaritanos eran una raza mixta que se produjo cuando Asiria conquistó, en 722 a.C., a las diez tribus norteñas que constituían el reino de Israel después de la división en el 931 a.C. (Las dos tribus, Judá y Benjamín, constituían el reino sureño.)

Como los asirios introdujeron otros pueblos cautivos al área, los judíos se casaron con personas de esos pueblos, resultando de esa unión los samaritanos. Los judíos contemporáneos despreciaban a ese pueblo mixto. No querían tener nada que ver con ellos. Así que en aquella mujer encontramos casi todos los rasgos de los menospreciados de la sociedad en los tiempos de Jesús: era samaritana, mujer, e inmoral. Sin embargo, Jesús le mostró su gracia y su verdad (Jn 1:14).

Hallamos un ejemplo actual, de la clase de actitud que nuestro Señor quiere que mostremos, en el evangelista B.G. Lavastida. Este hombre les hablaba a todos de Jesús, pese a la posición social de las personas.

¡Me seréis testigos!

Aunque su trasfondo y sus experiencias pudieron llevarlo por otro camino. Lavastida provenía de una familia de la alta sociedad cubana. En efecto, su padre fue candidato a la presidencia de Cuba.

Antes de su conversión, estaba estudiando en el extranjero cuando le llegaron noticias de que su padre había sido asesinado. Con el corazón lleno de odio y deseos de venganza, abordó un barco para regresar a Cuba e intentar quitarle la vida al asesino de su padre. Pero en el camino, alguien le regaló una Biblia y Lavastida creyó en Jesús y fue salvo.

Cuando se encontró con el homicida, en vez de darle un balazo ¡le proclamó el evangelio! Reconoció que nadie merece ser salvo, ni el homicida, ni el pobre, ni el de la alta sociedad, ni el de la baja. De manera que para él no había nadie tan encumbrado o menospreciado como para no escuchar el evangelio. A pesar de que provenía de los círculos de la alta sociedad, Lavastida reflejaba el amor de Jesús en su trato con las personas.

Las universidades bíblicas requieren que todos los alumnos que deseen graduarse participen en alguna obra de evangelización y/o edificación. Varios estudiantes de una de esas instituciones decidieron trabajar con delincuentes juveniles para cumplir con sus requisitos de servicio cristiano.

Comenzaron a analizar de qué manera creían los jóvenes en Jesús como Salvador, observándolos en casi todas sus visitas. Uno de los jóvenes detenidos en esa cárcel (que ya había creído en Jesús y estaba entusiasmado difundiendo el evangelio) dirigía la siguiente pregunta al grupo de muchachos encarcelados con él: «Bueno, ¿quién de ustedes es salvo y quién no?» ¡Usaba una manera muy directa de evangelizar! Tuvo grandes resultados, pero pocas iglesias deseaban tener a jóvenes como esos en sus congregaciones.

Cuando se trató de buscar algunas congregaciones para ayudar con la tarea de seguimiento, muy pocas quisieron dar la bienvenida a esa clase de personas. ¿Cómo están nuestros prejuicios? Reflexionemos en la siguiente lista y examinemos nuestras propias actitudes:

- ¿Están todos mis amigos a mi nivel educacional?
- ¿Solo trato con personas como yo?
- ¿Creo que hablar con gente de otro nivel es inútil?
- ¿Creo que los hombres son superiores a las mujeres (o viceversa)?
- ¿Pienso que los de otra denominación o creencia son inferiores a mí?
- ¿Deben ser vistos los niños y/o ancianos, pero no escuchados?
- ¿Solo aquellos con entrenamiento especial deben tratar a los incapacitados?

Nuestro Señor cruzó las barreras de su tiempo para mostrar su amor. Su famoso encuentro con la samaritana sirvió para cambiar el destino eterno de aquella mujer y de muchos de los que vivían en su ciudad (por medio de su testimonio). De manera que podemos emular lo que nuestro Señor hizo como también algunos de sus siervos fieles lo hicieron.

Debemos presentar la necesidad del Salvador sin dejar de comunicar amor por el pecador

El relato de Jesús y la samaritana nos muestra el alcance universal del amor de Dios. Nos enseña cómo el Mesías le revela su identidad a una mujer de Samaria con el propósito de que crea y tenga vida eterna.

«Por tanto, cuando el Señor supo que los fariseos habían oído que él hacía y bautizaba más discípulos que Juan (aunque Jesús mismo no bautizaba, sino sus discípulos), salió de Judea y partió otra vez: para Galilea. Y tenía que pasar por Samaria. Llegó, pues, a una ciudad de Samaria llamada Sicar, cerca de la parcela de tierra que Jacob dio a su hijo José; y allí estaba el pozo de Jacob. Entonces Jesús, cansado del camino, se sentó junto al pozo. Era como la hora sexta. Una mujer de Samaria vino a sacar agua, y Jesús le dijo: Dame de beber. Pues sus discípulos habían ido a la ciudad a comprar alimentos. Entonces la mujer samaritana le dijo: ¿Cómo tú, siendo judío, me pides de beber a mí, que soy samaritana? (Porque los judíos no tienen tratos con los samaritanos). Respondió Jesús y le dijo: Si tú conocieras el don de Dios, y quién es el que dice: Dame de beber, tú le habrías pedido a él, y él te hubiera dado agua viva. Ella le dijo: Señor, no tienes con qué sacarla, y el pozo es hondo: ¿de dónde, pues, tienes esa agua viva? ¿Acaso eres tú mayor que nuestro padre Jacob, que nos dio el pozo del cual bebió él mismo, y sus hijos, y sus ganados? Respondió Jesús y le dijo: Todo el que beba de esta agua volverá a tener sed, pero el que beba del agua que yo le daré, no tendrá sed jamás, sino que el agua que yo le daré se convertirá en él en una fuente de agua que brota para vida eterna. La mujer le dijo: Señor, dame esa agua, para que yo no tenga sed ni venga hasta aquí a sacarla. Él le dijo: Ve, llama a tu marido y ven acá. Respondió la mujer y le dijo: No tengo marido. Jesús le dijo: Bien has dicho: No tengo marido, porque cinco maridos has tenido, y el que ahora tienes no es tu marido; en eso has dicho la verdad. La mujer le dijo: Señor, me parece que tú eres profeta. Nuestros padres adoraron en este monte, y vosotros decís que en Jerusalén está el lugar donde se debe adorar. Jesús le dijo: Mujer créeme; la hora viene cuando ni en este monte ni en Jerusalén adoraréis al Padre. Vosotros adoráis lo que no conocéis; nosotros adoramos lo que conocemos, porque la salvación viene de los judíos. Pero la hora viene, y ahora es, cuando los verdaderos adoradores adorarán al Padre en espíritu y en verdad; porque ciertamente a los tales el Padre busca que le adoren. Dios es Espíritu, y los que le adoran deben adorarle en espíritu y en verdad. La mujer le dijo: Sé que el Mesías viene (el que es llamado Cristo): cuando él venga nos declarará todo. Jesús le dijo: Yo soy, el que habla contigo» (Jn 4:1-26).

De las muchas verdades útiles que hay en este relato, queremos señalar tres que nos ayudarán en la evangelización. En primer lugar, debemos notar que Jesús comunica dos verdades que llevarán a la mujer samaritana a creer en Él. El Señor especifica: «*Si tú conocieras el don de Dios, y quién es el que dice: Dame de beber, tú le habrías pedido a él, y él te hubiera dado agua viva.*» (Jn 4:10). Ella debe conocer tanto el carácter de lo que nuestro Señor le ofrece: un regalo gratuito; como también la identidad de Quien se lo puede dar: Jesús mismo, el Mesías. De manera que durante el resto de la conversación Jesús le revela que el agua que Él da resulta en vida eterna (v. 14), y además que Él mismo es el Mesías (v. 26).

En segundo lugar, notamos que en el proceso de revelar su identidad, Jesús le hace saber que ella no cumple con los requisitos de un Dios santo:

> «*Él le dijo: Ve, llama a tu marido y ven acá. Respondió la mujer y le dijo: No tengo marido. Jesús le dijo: Bien has dicho: No tengo marido, porque cinco maridos has tenido, y el que ahora tienes no es tu marido; en eso has dicho la verdad*» (vv. 16-18).

Jesús saca a relucir su pecado sin dejar de demostrar su amor por la mujer samaritana. En efecto, Él la trató con ternura y misericordia desde el principio (tanto que ella misma se sorprendió del buen comportamiento que ese hombre judío le mostraba a una mujer samaritana como ella). Tal vez nos haga recordar las palabras de Pablo en la Epístola a los Romanos: «*Pero Dios muestra su amor para con nosotros, en que siendo aún pecadores, Cristo murió por nosotros*» (Ro 5:8).

En tercer lugar, Jesús menciona el pecado de la samaritana sin pedirle que cambie de vida como condición para recibir el regalo que Él desea darle. En este punto debemos cuidar de dos extremos. Hay algunos que piensan que porque no son creyentes Dios les da permiso para desobedecer, y asumen la siguiente actitud: «*Voy a hacer lo que quiero hasta envejecer y entonces creeré en Jesús*». Por otro lado, hay creyentes que creen que como Jesús pagó por todos sus pecados (lo cual es cierto), ahora pueden pecar libremente.

Ambos están equivocados. Dios no otorga a nadie licencia para pecar. Él gobierna un universo moral en el cual el mal siempre trae consecuencias. Además, el incrédulo no puede, ni reformarse a sí mismo, ni hacer promesas para comportarse mejor a fin de lograr la salvación. Tampoco el creyente puede hacer suficientes obras para recompensar a Jesucristo por su sacrificio en la cruz.

Ambas ideas son una negación de la suficiencia de la muerte de Jesús para pagar por nuestros pecados. Si nuestras obras, antes o después de creer, contribuyen a nuestra justificación, entonces la muerte de Cristo no fue suficiente. Las Escrituras condenan toda enseñanza semejante (véanse Gá 1:6-10; 2:16-21; 3:1-4).

De modo que el incrédulo necesita un Salvador porque peca y vive bajo condenación; y el creyente no debe pecar porque ya fue justificado, el

Espíritu Santo vive en él, y posee todos los recursos para vivir de manera que agrade al Señor (véanse Ro 5:1-11; 1 Co 6:12-20; Ef 1:3-2:10; 2 P 1:3-11).

¿Cómo se aplica esto a la evangelización? Pensemos en una persona entrometida, por ejemplo. Dios condena esto junto con otros pecados más serios. Pedro amonesta a la iglesia así: «*Que de ninguna manera sufra alguno de vosotros como homicida, o ladrón, o malhechor, o por entrometido*» (1 P 4:15).

Si el incrédulo nos dice: «Yo soy entrometido. ¿Debo dejar de serlo para que Dios me salve?» ¿Cómo responderemos? Dejar de entrometerse en las cosas no es una condición para recibir el regalo de la vida eterna, ya que dejaría de ser gratuito. Más bien sería un intercambio: vida eterna por promesas de comportarse mejor en el futuro (que sin dudas ¡quedarían quebrantadas!). Además, hay otros pecados (a veces menos obvios) como la envidia, la lujuria, el creerse superior a los demás, el orgullo, y el favoritismo con los cuales lidiamos todos los días (aun como creyentes). ¿Dónde se acaba la lista de pecados que debemos cambiar antes o para que el Señor nos acepte?

Dios solo acepta santidad absoluta. Por eso necesitamos «*la justicia de Dios por medio de la fe en Jesucristo para todos los que creen*» (Ro 3:22a). Santiago afirma: «*Porque cualquiera que guarda toda la ley, pero tropieza en un punto, se ha hecho culpable de todos. Pues el que dijo: No cometas adulterio, también dijo: No mates. Ahora bien, si tú no cometes adulterio, pero matas, te has convertido en transgresor de la ley*» (Stg 2:10-11).

De modo que Jesús presenta el equilibrio perfecto: le informa a la mujer samaritana que ella no cumple con lo que Dios pide, pero no le requiere que cambie su modo de ser como condición para recibir la vida eterna. Ya después de su conversión, en su vida como creyente, deberá vivir de manera que agrade al Señor. Dicha obediencia no representaría pago alguno por la vida eterna, simplemente es una respuesta de amor y gratitud a Aquel que la amó a ella primero y la salvó.

Ahora, ¿qué resultó de la conversación entre Jesús y la mujer samaritana? El texto nos indica varias consecuencias positivas:

¡Me seréis testigos!

- La mujer creyó en el Mesías y recibió vida eterna. Ella le dijo que cuando llegara el Mesías, Él nos declararía todo. Después testificó a los otros samaritanos: «*Ved a un hombre que me ha dicho todo lo que yo he hecho*» (4.29). Lo que Jesús le reveló la convenció de que Él era el Mesías. Ella le pidió: «*Señor, dame esa agua, para que no tenga yo sed, ni venga aquí a sacarla*». La samaritana sabía que si recibía el «*agua viva*» que Jesús le ofrecía, no tendría que volver al pozo. Por lo tanto, Juan nos deja con un detalle que indica que la mujer creyó: «*La mujer dejó su cántaro*» (v. 28). Ella recibió el «*agua viva*», obtuvo vida eterna, y ya no necesitaba el cántaro. Además, a diferencia de otros que «*creyeron en él, pero por causa de los fariseos no lo confesaban, para no ser expulsados de la sinagoga*» (Juan 12.42), la mujer samaritana testificó a los de su ciudad. En efecto, Juan reporta que «*muchos de los samaritanos creyeron en él por la palabra de la mujer que daba testimonio*» (4.39).

- Otros samaritanos creyeron en Jesús. La conversión de la samaritana inició una cadena (que en realidad resultó de la decisión de Jesús de «*pasar por Samaria*» [Juan 4.4]), lo cual hizo que muchos samaritanos creyeran, y que Jesús se quedara con ellos «*dos días*» (4.40). Y, así «*muchos más creyeron por su palabra, y decían a la mujer: Ya no creemos por lo que tú has dicho, porque nosotros mismos le hemos oído, y sabemos que este es en verdad el Salvador del mundo*» (4.42).

- Muchos creen hoy como resultado del relato acerca de la mujer samaritana. Hasta que estemos con el Señor no sabremos cuántas personas han creído en Jesús a través del sencillo relato de la mujer samaritana que recibió el regalo de vida eterna. Lo que dijo Jesús hace tanto tiempo está vigente hoy. La narración aún comunica el amor de Dios por aquellos que no han llevado vidas perfectas, que tienen «un pasado», y que a pesar de ello no caen más allá de la oferta gratuita de la vida eterna. Jesús, el Mesías, aún ofrece vida eterna a todos los que creen en Él.

El Maestro «tenía que pasar por Samaria» (Jn 4:4). Aunque sus compatriotas, los judíos, despreciaban a los samaritanos, Jesús —Dios encarnado—, debía cumplir la voluntad de su Padre en aquel lugar que su raza despreciaba. Allí tuvo la oportunidad de evangelizar a los samaritanos y también de darles instrucción a sus discípulos. El simple hecho de pedir agua desencadenó una serie de santas consecuencias que enriqueció la vida de muchos. En nuestras vidas no sabemos lo que puede resultar de una sencilla conversación (aun con alguien despreciado como la samaritana).

Hay otra consecuencia que debemos considerar. La conversación con la mujer samaritana acerca del «agua viva» y su conversión subsiguiente brindó la oportunidad para que Jesús instruyera a sus discípulos acerca de la «comida» de hacer la voluntad de Dios y la «cosecha» que debían recoger.

Debemos ocuparnos de hacer la voluntad de Dios, lo cual es sustento espiritual

Hay más que aprender del relato de Jesús y la mujer samaritana. Su conversación y consiguiente conversión ponen en juego otras dinámicas que resultan provechosas para los discípulos y los samaritanos de la ciudad de Sicar. En esta sección aprendemos de la cosecha en Samaria y la «comida» de Jesús.

> *«En esto llegaron sus discípulos y se admiraron de que hablara con una mujer; pero ninguno le preguntó: ¿Qué tratas de averiguar? o, ¿Por qué hablas con ella? Entonces la mujer dejó su cántaro, fue a la ciudad y dijo a los hombres: Venid, ved a un hombre que me ha dicho todo lo que yo he hecho. ¿No será éste el Cristo? Y salieron de la ciudad, e iban a él. Mientras tanto, los discípulos le rogaban, diciendo: Rabí, come. Pero él les dijo: Yo tengo para comer una comida que vosotros no sabéis. Los discípulos entonces decían entre sí: ¿Le habrá traído alguien de comer? Jesús les dijo: Mi comida es hacer la voluntad del que me envió y llevar a cabo su obra. ¿No decís vosotros: Todavía faltan cuatro meses, y después viene la siega? He aquí, yo os digo: Alzad vuestros ojos y ved los campos que ya están blancos para la siega. Ya el segador recibe salario y recoge junto para vida eterna, para que el que siembra se regocije juntamente con el que siega. Porque en este caso el dicho es verdadero: Uno es el que siembra y otro el que siega. Yo os envié a segar lo que no habéis trabajado; otros han trabajado y vosotros habéis entrado en su labor. Y de aquella ciudad, muchos de los samaritanos creyeron en él por la palabra de la mujer que daba testimonio,*

diciendo: Él me dijo todo lo que yo he hecho. De modo que cuando los samaritanos vinieron a él, le rogaban que se quedara con ellos; y se quedó allí dos días. Y muchos más creyeron por su palabra, y decían a la mujer: Ya no creemos por lo que tú has dicho, porque nosotros mismos le hemos oído, y sabemos que éste es en verdad el Salvador del mundo» (Jn 4:27-42).

Antes de que la mujer samaritana apareciera con su cántaro, Juan nos comunica que *«sus discípulos habían ido a la ciudad a comprar alimentos»* (4.8). Ahora, los discípulos entran de nuevo en el relato, al regresar de «hacer sus compras». Pero, además, la mujer sale a «testificarles» a los hombres de la ciudad, y como consecuencia los samaritanos comienzan a caminar hacia donde estaban Jesús y sus discípulos: *«Entonces la mujer dejó su cántaro, fue a la ciudad y dijo a los hombres: Venid, ved a un hombre que me ha dicho todo lo que yo he hecho. ¿No será éste el Cristo? Y salieron de la ciudad, e iban a él»* (Jn 4:28-30).

Mientras tanto, Jesús les habla a los discípulos de una «comida» que ellos deben comer. En efecto, aquí nos encontramos de nuevo con el uso de palabras con «doble sentido» y con los «malentendidos» que aparecen en el evangelio. Jesús les habla de la «comida» de hacer la voluntad del Padre y ellos piensan que se refiere a provisión para el sustento físico (4:31-33).

El Señor explica que su comida es *«hacer la voluntad del que me envió y llevar a cabo su obra»* (v. 34). Nuestro Señor expresa que la cosecha (que según el dicho requería cuatro meses desde la siembra), ya estaba lista para ser recogida. Sin dudas, había una cosecha agrícola lista para los obreros cercanos. Pero en el campo espiritual, los samaritanos que se acercaban a ellos constituían los «campos» que estaban «blancos para la siega» (¡sin los cuatro meses de espera!).

Otros habían sembrado (Jesús y la mujer samaritana), y ahora ellos habrían de segar. Como segadores, ellos recibirían «salario» y recogerían «fruto» para vida eterna. Se cumpliría el dicho que afirma que: «uno es el que siembra y otro recoge» (v. 37), y ambos se regocijarían juntos como resultado (v. 36).

De manera que la mujer incrédula necesitaba un sorbo de «agua viva» para saciar su sed espiritual, y los discípulos (que ya habían creído) requerían la «comida» de obediencia que resultaría en «salario» de recompensa eterna, «fruto» de nuevos creyentes, y regocijo mutuo tanto para el que siembra la «semilla» de la palabra como también para aquellos que siegan la cosecha de nuevos creyentes.

La samaritana necesitaba escuchar acerca del regalo (griego, ***dorean***) de vida eterna (v. 10). Los discípulos que ya lo poseían necesitaban aprender acerca del «salario» (griego, ***misthos***) que el obrero recibiría por sus labores (v. 36), y las gozosas consecuencias de la obediencia. En tal caso, la evangelización beneficia tanto al que proclama las buenas nuevas como a aquellos que creen en el dador de ellas. Jesús.

Conclusión

Un obrero cristiano fue a visitar a una mujer que temía morir debido a problemas con su corazón, y la iban a someter a una operación de la que tal vez no sobreviviría. Creía en Dios y tenía ciertas ideas religiosas en su mente, pero no estaba segura de la vida eterna. Pensaba que a pesar de que no había sido perfecta, sus obras de caridad la ayudarían a alcanzar la salvación en caso de que muriera.

El creyente que la visitaba decidió compartir con ella la historia de la mujer samaritana. Le explicó que la vida eterna representaba un regalo y no algo que se pueda ganar con un buen comportamiento. Esa tarde la mujer creyó en Jesús.

Igual que la mujer samaritana, siglos antes, ella tomó el agua viva que Jesús le ofreció por media de aquel mensajero que fue a visitarla. Es más, cuando se le dijo que la mujer samaritana había dejado su cántaro, sonrió entendiendo la comparación. Ella también había tomado el agua viva y sabía que no tendría que regresar al pozo. El agua que Jesús le dio garantizaba que no tendría sed jamás.

Sin embargo, no fue la única que recibió bendición aquella tarde. El obrero que la visitó también aprovechó. Jesús le habló del agua viva a la mujer, y a los discípulos de la comida de hacer la voluntad del Padre. El obrero pudo hacer la voluntad de Dios testificando, y la mujer tomó el agua viva que se le ofreció. Y así, arribos se beneficiaron.

¡Me seréis testigos!

Ideas para recordar

Hay varias lecciones que podemos aprender para mejorar nuestros esfuerzos como evangelizadores. Entre ellos, queremos señalar cuatro:

1. Debemos comprender que no podemos iniciar, producir, o sostener el nuevo nacimiento ya que resulta de la obra soberana de Dios. Esta verdad nos puede traer consuelo y aliento en nuestros esfuerzos evangelísticos. Podemos comunicar las buenas nuevas de manera atractiva, responsable y precisa con la confianza plena de que Dios salvará a los incrédulos. Las Escrituras afirman que Dios participa de manera total en la evangelización:

   «*Nadie puede venir a mí si no lo trae el Padre que me envió, y yo lo resucitaré en el día final*» (Jn 6:44)

   «*Yo soy el pan vivo que descendió del cielo; si alguno come de este pan, vivirá para siempre; y el pan que yo también daré por la vida del mundo es mi carne*» (Jn 6:51)

   «*El Espíritu es el que da vida; la carne para nada aprovecha; las palabras que yo os he hablado son espíritu y vida*»(6:63).

   Así que el Padre, el Hijo, y el Espíritu Santo juegan un papel en la conversión que nosotros no podemos remplazar.

2. Debemos apartar nuestros prejuicios al evangelizar, como reflejo del amor de Dios. Los Samaritanos expresaron este principio cuando afirmaron que Jesús es el «Salvador del mundo». Jesús cruzó las barreras culturales, sociales, y religiosas de su día para mostrar su amor por una mujer despreciada aun entre los de su misma raza. No somos nadie para descalificar a alguien y dejar de proclamarle las buenas nuevas, basados en prejuicios humanos. Ya sea el que está en la «cima» de la escalera social o el que está en lo más «bajo», ambos requieren escuchar y responder al mismo mensaje: «*El que cree en él no es condenado; pero el que no cree, ya ha sido condenado, porque no ha creído en el nombre del unigénito Hijo de Dios*» (Jn 3:18). Alguien señaló que la lección que Jesús dio acerca de la adoración verdadera

(4:21-24), se la presentó a una mujer inmoral y despreciada (y no a los líderes religiosos de su día). Es decir, no solo habló con ella, sino que le comunicó algo de suma importancia en el proceso de revelarle su identidad como el Mesías.

3. Debemos presentar a Jesús de manera que otros crean en Él sin pensar que sus propios méritos, esfuerzos u obras le han de salvar. Muchas veces los esfuerzos evangelísticos enfatizan todo menos a Jesucristo. Es más, las personas deben saber que necesitan la salvación y que no pueden obtenerla por sí mismas. El Cordero de Dios es quien compra la vida eterna y no algún esfuerzo o mérito nuestro. De manera que todo se aclara a la luz de la cruz: el pecado del hombre, la provisión de Dios, y la incapacidad nuestra para salvarnos a nosotros mismos. La fe brota en el corazón cuando consideramos al Mesías; nace cuando Dios obra a medida que presentamos a Jesús.

4. Debemos ocuparnos de hacer la voluntad del Señor, la cual es sustento espiritual que trae gozosas consecuencias para todos. Aquellos que han creído en Jesús deben ocuparse en la obediencia. La enseñanza de todo el Nuevo Testamento respalda que la salvación es sin obras y para obras:

   «Porque por gracia habéis sido salvados por medio de la fe, y esto no de vosotros, sino que es don de Dios; no por obras para que nadie se gloríe. Porque somos hechura suya, creados en Cristo Jesús para hacer buenas obras las cuales Dios preparó de antemano para que anduviéramos en ellas» (Ef 2:8-10)

   «Porque la gracia de Dios se ha manifestado, trayendo salvación a todos los hombres, enseñándonos, que negando la impiedad y los deseos mundanos, vivamos en este mundo sobria, justa, y piadosamente, aguardando la esperanza bienaventurada y la manifestación de la gloria de nuestro Salvador Cristo Jesús, quien se dio a sí mismo por nosotros, para redimirnos de toda iniquidad y purificar para sí un pueblo para posesión suya, celoso de buenas obras. Esto habla, exhorta y reprende con toda autoridad. Que nadie te desprecie» (Tito 3:11-15).

¡Me seréis testigos!

«Palabra fiel es ésta, y en cuanto a estas cosas quiero que hables con firmeza, para que los que han creído en Dios procuren ocuparse en buenas obras. Estas cosas son buenas y útiles para los hombres» (Tito 3:8).

No debemos confundir el crecimiento cristiano con la conversión. Esta les pertenece a los no creyentes así como el crecimiento a los que ya han sido regenerados. Debemos enseñar ambas cosas en su justo lugar y a las personas apropiadas. El bebé debe nacer antes de que pueda aprender a caminar.

Aplicación

1. ¿Dónde se encuentra, en su evangelio, el propósito por el que Juan escribe, y cuál es?

2. ¿Cuáles son las siete señales y el propósito de las mismas?

3. Nuestro Señor mostró su amor hacia los despreciados de su tiempo, ¿cómo podemos actuar, cual Jesús, con aquellos que nuestros contemporáneos desprecian?

4. ¿Qué hace Jesús para convencer a la mujer samaritana de que Él es el Mesías?

5. ¿Qué enseñanza les da Jesús a sus discípulos en relación con el encuentro con la samaritana y los samaritanos?

¡Me seréis testigos!

Sesión 3: FELIPE EL EUNOCO ETÍOPE

Introducción

Un obrero cristiano se encontraba en Venezuela en asuntos del ministerio con el que trabajaba. Hizo su trabajo y decidió irse del país un día antes de lo programado. Ese día se despertó muy temprano para asegurarse un asiento en el avión. Mientras esperaba la llamada para abordar la nave, vio a un hombre petulante que parecía maltratar a la empleada que lo atendía en el mostrador de la aerolínea. El cristiano siempre quería compartir el evangelio con las personas que conocía. Pero esta vez pensó: «Creo que no podría testificarle a una persona como esa». Cuando abordó el avión, solo quedaba un asiento disponible: ¡justo al lado de aquel hombre petulante!

Varios minutos después, el hombre comenzó a hablarle acerca de su vida y las dificultades que enfrentaba, hasta que le preguntó al creyente en qué trabajaba. Este le respondió: «Soy teólogo». Sorprendentemente, el hombre que parecía insensible comenzó a hablar acerca de sus dudas, del temor que sentía y de la muerte. El cristiano abrió su Biblia y, a medida que los dos leían las Escrituras, llegó un momento en que el hombre se echó a llorar. Y antes de que el avión aterrizara, creyó en Jesús. Dios escogió los asientos precisos del avión y preparó a los dos hombres para el encuentro.

Lucía, una joven que se mudó de Nicaragua a Dallas, Texas, fue a una iglesia pequeña un domingo en el que celebraban la Santa Cena. Una persona que se sentó a su lado le preguntó si comprendía el significado de la comunión. Al responderle negativamente, el creyente aprovechó la oportunidad para explicarle lo que significaba el vino y el pan en relación con la muerte de Jesús y el perdón del pecado. Le aseguró que solo creyendo en Jesús podría tener vida eterna. La joven dudó de que fuese así. Pero después, una tarde lluviosa y con muchos relámpagos, la muchacha se encontró sola y atemorizada en su apartamento. El mensaje de salvación regresó a su mente y se percató de que no tenía tiempo para hacer suficientes buenas obras, y así ganar la vida eterna. Sentía temor y necesitaba a Dios ahora. De manera que se decidió y creyó en Jesús. Poco después se casó con Pablo, un seminarista, que llegó a servir como pastor. Años más tarde regresaron a Nicaragua para servir en las misiones.

Encuentros y experiencias como esas no ocurren fortuitamente, nuestro Dios soberano prepara las vidas, tanto del mensajero como del receptor, anticipadamente. Estas citas o encuentros llevan las marcas indelebles de la mano de Dios. Y las consecuencias de las mismas pueden ir más allá que el simple encuentro inicial. En efecto, tal vez no sepamos los resultados de esos acontecimientos hasta que lleguemos a estar con el Señor.

Lamentablemente, muchas veces relacionamos la evangelización solo con los servicios dominicales de adoración, la visita de algún evangelista a nuestra iglesia local, o las campañas masivas que se celebran en algún coliseo de la ciudad. Sin lugar a dudas, cientos de personas han creído en Jesús a través de esos medios, pero hay otras oportunidades en las que podemos participar de manera más directa.

El relato de Felipe y el eunuco etíope describe un encuentro en el desierto que nos demuestra cómo el Señor capacita a sus siervos, prepara a los que serán receptores del mensaje de salvación, y dirige el progreso de la iglesia. Hoy como ayer, el relato de Felipe y el eunuco provee cierto vistazo del movimiento del evangelio desde Jerusalén hacia los «confines de la tierra».

Objetivos

1. Explorar la contribución del relato de Felipe y el etíope a la evangelización.
2. Apreciar cómo Dios puede usarnos en la evangelización por medio de la obediencia.
3. Participar en la evangelización y/o edificación, individualmente o como parte de un equipo.

¡Me seréis testigos!

Lección

Antes de que Jesús ascendiera dejó las siguientes instrucciones a los testigos que escogió: «*Pero recibiréis poder, cuando haya venido sobre vosotros el Espíritu Santo, y me seréis testigos en Jerusalén, en toda Judea, en Samaria, y hasta lo último de la tierra*» (Hch 1:8). Estudiosos de la Biblia han visto que el movimiento geográfico en el libro sigue el orden de este texto. Es decir, la acción comienza en Jerusalén y sigue hasta culminar en Roma. El relato de Felipe y el eunuco toma lugar en la transición del movimiento desde Jerusalén al área aledaña a Judea (compárense Hch 1:8 y 8:1, «*y todos fueron esparcidos por las regiones de Judea y Samaria, excepto los apóstoles*»); más allá, en Samaria, y «hasta los confines de la tierra». Dicho movimiento se realizó de acuerdo al mandato del Señor, como se encuentra en Hechos 1.8; de modo que el desarrollo que vemos ocurre de acuerdo a lo que Jesús prescribió.

En el libro de los Hechos podemos trazar el crecimiento de la iglesia con la ayuda de los llamados «reportes de progreso» provistos por el doctor Lucas. Dichos informes nos ayudan a discernir la estructura del libro y nos animan a ver lo que el Señor estaba haciendo con la iglesia que prometió edificar (véase Mt 16:18). Notemos los «reportes» principales en el libro:

«*Y el Señor añadía cada día al numero de ellos los que iban siendo salvos*» (2:47b)

«*Y la palabra de Dios crecía, y el número de los discípulos se multiplicaba en gran manera en Jerusalén, y muchos de los sacerdotes obedecían a la fe*» (6:7)

«*Entretanto la iglesia tenía paz por toda Judea, Galilea, y Samaria, y era edificada; y andando en el temor del Señor y en la fortaleza del Espíritu Santo, seguía creciendo*» (9:31)

«*Pero la palabra del Señor crecía y multiplicaba*» (12:24)

«*Así que las iglesias eran confirmadas en la fe, y diariamente crecían en número*» (16:5)

«*Así crecía poderosamente y prevalecía la palabra del Señor*» (19:20)

¡Me seréis testigos!

Aquí observamos como el Señor dirige el crecimiento de su iglesia, a pesar de los esfuerzos de los enemigos que la persiguen. El Señor soberano puede convertir los ataques contrarios en favor de los creyentes y el crecimiento de la iglesia. Así vemos en el libro de los Hechos que dichos ataques resultan a favor del avance de la obra. Descubrimos en Felipe a uno de aquellos que salió de Jerusalén a causa de la persecución. Dios lo usó en Samaria para alcanzar a muchos y en el desierto para salvar a uno (y de acuerdo a la tradición, a otros por media de aquel convertido singular).

Dios prepara al mensajero y al receptor de las buenas nuevas

Dios había preparado a Felipe antes de su encuentro con el etíope en el desierto. Cuando examinamos la vida y ministerio del apóstol hasta este punto, descubrimos en el relato a un creyente dispuesto a servir en diversos contextos y a personas de diferente condición. En Felipe vemos la manera en que Dios abre nuevas esferas de servicio para sus siervos humildes, dispuestos y obedientes. «Hacer bien sin mirar a quien» facilita el servicio al Señor, nos hace eficaces y refleja el alcance universal del amor de Dios como se enfatiza en las Escrituras (véanse Lucas 2.29-32; 3:4-6; 4:13-30; 24:44-49; Hch 1:8).

«Por aquellos días, al multiplicarse el número de los discípulos, surgió una queja de parte de los judíos helenistas en contra de los judíos nativos, porque sus viudas eran desatendidas en la distribución diaria de los alimentos. Entonces los doce convocaron a la congregación de los discípulos, y dijeron: No es conveniente que nosotros descuidemos la palabra de Dios para servir mesas. Por tanto, hermanos, escoged de entre vosotros siete hombres de buena reputación, llenos del Espíritu Santo y de sabiduría, a quienes podamos encargar esta tarea. Y nosotros nos entregaremos a la oración y al ministerio de la palabra. Lo propuesto tuvo la aprobación de toda la congregación, y escogieron a Esteban, un hombre lleno de fe y del Espíritu Santo, y a Felipe, a Prócoro, a Nicanor, a Timón, a Parmenas y a Nicolás, un prosélito de Antioquía; los cuales presentaron ante los apóstoles, y' después de orar, pusieron sus manos sobre ellos. Y la palabra de Dios crecía, y el número de los discípulos se multiplicaba en gran manera en Jerusalén, y muchos de los sacerdotes obedecían a la fe» (Hch 6:1-7).

¡Me seréis testigos!

A Felipe lo conocemos en Hechos 6:1-7. Junto con Esteban, él y otros cinco constituyeron los siete siervos, ministros o diáconos que sirvieron en la iglesia primitiva, ayudando a controlar una crisis: la negligencia en proveer las necesidades de las viudas helenistas (judías, pero que hablaban griego) con el potencial acompañante de una división en la iglesia. Hubo quejas legítimas que pudieron resultar en problemas mayores para la iglesia si no se hubiera arreglado la situación.

Estos siete hombres ayudaron a evitar la división, cumplieron el ministerio de cuidar a los pobres y desamparados (lo cual Dios desea y ordena que hagamos, como vemos en Santiago 2, 1 Juan 3, y otros textos en las Escrituras), y liberaron a los apóstoles a fin de que hicieran la obra para la cual habían sido capacitados. Los siete poseían ciertas características que debemos emular y desarrollar en nuestras vidas cristianas. Notamos que tenían «buena reputación», y eran «*llenos del Espíritu y sabiduría*» (Hechos 6.3). Esa clase de personas podían calmar el conflicto en vez de encenderlo más.

Mientras estos siete se encargaban de las necesidades físicas de la congregación, los apóstoles se entregaban a la «oración y el ministerio de la Palabra». Debemos reconocer que estos siete también disfrutaron de la enseñanza apostólica que su servicio brindó, lo que contribuyó a su preparación para cualquier ministerio futuro.

En aquellos días se levantó una gran persecución en contra de la iglesia vinculada a la muerte de Esteban y los esfuerzos de Pablo por destruir la iglesia. Como resultado de esa situación, los creyentes que estaban en Jerusalén fueron esparcidos por Judea y Samaria (como informa Hch 1:8).

> «*Y Saulo estaba de completo acuerdo con ellos en su muerte. En aquel día se desató una gran persecución en contra de la iglesia en Jerusalén, y todos fueron esparcidos por las regiones de Judea y Samaria, excepto los apóstoles. Y algunos hombres piadosos sepultaron a Esteban, y lloraron a gran voz por él. Pero Saulo hacía estragos en la iglesia entrando de casa en casa, y arrastrando a hombres y mujeres, los echaba en la cárcel. Así que los que habían sido esparcidos iban predicando la palabra. Felipe, descendiendo a la ciudad de Samaria, les predicaba a Cristo. Y las multitudes unánimes prestaban atención a lo que Felipe decía, al oír y ver las señales que hacía. Porque de muchos que tenían espíritus*

¡Me seréis testigos!

inmundos, éstos salían de ellos gritando a gran voz; y muchos que habían sido paralíticos y cojos eran sanados. Y había gran regocijo en aquella ciudad» (Hch 8:1-8).

Muchos señalan que fue la persecución lo que lanzó a la iglesia al mundo. Felipe se encontraba entre los esparcidos, y así lo vemos en Samaria (que como sabemos por la historia y el relato en Juan 4 no era uno de los lugares favoritos de los judíos). Felipe bajó a aquel lugar lleno de personas despreciadas y el Señor bendijo su ministerio, acompañándolo de milagros, expulsión de demonios, y sanidades en confirmación del mensaje.

Hubo gran gozo como resultado de lo que Dios hizo por el ministerio de Felipe en Samaria. Allí predicó respecto al reino de Dios y al Nombre de Jesucristo. Su próxima tarea sería en el desierto con uno de los personajes más interesantes de los primeros capítulos de Hechos.

También observamos en ese relato la obediencia y la disposición de Felipe. Leemos que *«un ángel del Señor' habló a Felipe, diciendo: Levántate y ve hacia el sur, al camino que desciende de Jerusalén a Gaza»*. Lucas nos informa que esta área era desértica, y en el siguiente versículo leemos que *«él se levantó fue»*. Siglos antes Jonás, un profeta judío enviado al despreciado pueblo de los ninivitas, fue instruido a «levantarse e ir» y respondió desobedeciendo. Jonás «descendió» varias veces, en el relato que cuenta su historia, hasta llegar al «Seol» (Jo 1:3,5; 2:3,6).

Felipe también descendió, pero en contraste con el profeta desobediente, lo hizo en obediencia (Hch 8:5,26). Es interesante notar que ambos, Jonás y Felipe, tuvieron éxito en las ciudades a donde fueron: Felipe, en Samaria, y Jonás, en Nínive. Y a los dos Dios les facilitó el transporte en una manera sobrenatural. Así, vemos en Felipe a alguien con la disposición, la obediencia, el poder y la capacitación del Espíritu Santo. Este hace que Dios lo use en diversas maneras con varias clases de personas, desde las viudas desamparadas hasta los samaritanos despreciados y el eunuco distinguido.

Como obreros del Señor, sea en la evangelización o en otro ministerio, debemos aprender del ejemplo de Felipe. Muchas veces nos creemos muy «importantes» para ciertas clases de servicio en la iglesia. Por cierto, debe haber división de tareas de acuerdo con aquello para lo cual Dios nos ha capacitado, pero el espíritu de servicio debe caracterizar nuestra actitud y disposición hacia las labores y personas que Dios ponga en nuestro camino.

Comenzamos a tener problemas cuando sentimos que algún servicio al Señor está por debajo de nuestra dignidad personal. Felipe no se sentía tan «alto» para realizar el servicio más bajo en la iglesia. Después descendió a Samaria (el relato no dice que fue enviado allí por alguna revelación especial y sin dudas los apóstoles recordaban lo que el Señor había instruido, mandato que aparece en Hch 1:8). Él se prestó para toda clase de situación, reflejando el alcance universal que se ve en el libro de los Hechos. Felipe comenzó en Jerusalén, ministró en Samaria, y llegó hasta los «confines de la tierra» en el caso del etíope. (En la literatura griega, Etiopía se consideraba un lugar en lo último de la tierra.)

En el eunuco etíope hallamos a uno de los personajes más interesantes en esta porción de Hechos. Hay puntos controversiales acerca de su persona, por lo cual tal vez no deberíamos ser dogmáticos. No obstante, podemos pensar en varios datos que el texto bíblico señala, y evaluar algunas de las posibilidades que la historia nos provee. Notemos algunas de sus características:

- Era etíope. Etiopía, no correspondía precisamente a su ubicación moderna, más bien era un área aledaña al sur de Egipto donde, de acuerdo a la literatura griega, había personas altas de estatura y de piel negra. Se creía que Etiopía estaba en el último rincón de la tierra.

- Era eunuco. Este término se presta a controversia por su significado (algunos piensan que se refería a que era castrado, y otros consideran que no necesariamente lo era). Es más, esta palabra puede describir a un hombre que servía en las cortes de algún reino, como también a un oficial militar o político. En este caso deberíamos pensar en la primera opción, ya que trabajaba cercano a la reina (que gobernaba en lugar de su hijo, considerado en aquel reino como un ser celestial nacido del sol y muy elevado para realizar las tareas terrenales del reinado).

¡Me seréis testigos!

- Era alguien muy importante. Lucas lo describe como un «*alto oficial de Candace, reina de los etíopes, el cual estaba encargado de todos sus tesoros*». Bajo su cargo y cuidado estarían todos los tesoros del reino. Además, viajaba en carruaje, y sabía leer (algo que no todos en el mundo antiguo podían hacer). El eunuco era indudablemente alguien con dignidad y posición en su país.

- Era prosélito (a algún nivel) del judaísmo. Decimos «a algún nivel» ya que en Deuteronomio 23.1 leemos la siguiente prohibición: «*Ninguno que haya sido castrado o que tenga cortado su miembro viril entrará en la asamblea del Señor*». Es más, eso depende del significado de «eunuco» en este caso. Si era un hombre castrado, sería un prosélito con acceso limitado a los ritos prescritos del judaísmo. No obstante, de una manera u otra, el eunuco consideraba importante ir al templo en Jerusalén, leer y reflexionar sobre las Escrituras. Aun en su condición de gentil estaba en la esfera del judaísmo. (Esto quizás explique por qué después se le dio tanta importancia al gentil Cornelio y su casa. Este último fue el primer gentil «completo» en el sentido de que no se había unido al judaísmo y sus ritos de adoración, aunque vemos en Hechos 10.2 que oraba al mismo Dios, el único que hay.) Isaías 56.3-5 habla de privilegios para los eunucos obedientes al Señor.

Con este hombre, Lucas nos señala el movimiento hacia los «*confines de la tierra*» descrito en Hechos 1:8:

> «*Un ángel del Señor habló a Felipe, diciendo: Levántate y ve hacia el sur, al camino que desciende de Jerusalén a Gaza. (Este es un camino desierto.) Él se levantó y fue; y he aquí, había un eunuco etíope, alto oficial de Candace, reina de los etíopes, el cual estaba encargado de todos sus tesoros, y había venido a Jerusalén para adorar. Regresaba sentado en su carruaje. Cuando Felipe se acercó corriendo, le oyó leer al profeta Isaías y le dijo: ¿Entiendes lo que lees? Y él respondió: ¿Cómo podré, a menos que alguien me guíe? E invitó a Felipe a que subiera y se sentara con él. El pasaje de la Escritura que estaba leyendo era este: COMO OVEJA FUE LLEVADO AL MATADERO; Y COMO CORDERO, MUDO DELANTE DEL QUE LO TRASQUILA, NO ABRE ÉL SU BOCA. EN SU HUMILLACIÓN NO SE LE HIZO*

¡Me seréis testigos!

JUSTICIA; ¿QUIÉN CONTARA SU GENERACIÓN? PORQUE SU VIDA ES QUITADA DE LA TIERRA».

En Felipe descubrimos un camino de madurez espiritual, obediencia inmediata y servicio fiel. Después de que respondiera al mandato inicial de levantarse e ir, el Espíritu instruyó a Felipe de nuevo y este otra vez obedece, corriendo para alcanzar el carruaje del personaje a quien tenía que testificar. En el eunuco tenemos a alguien que fue preparado para el encuentro con Felipe. Había estado en Jerusalén para adorar (lo cual indica conocimiento previo y enseñanza acerca del Dios verdadero), y en el camino estaba leyendo las Escrituras (en el libro de Isaías que contiene tanto profecías acerca del Mesías como también la promesa del Señor para eunucos obedientes), pero tenía una pregunta acerca del texto bíblico. Era una situación idónea para el siervo listo a enfrentar el reto. En este caso, Felipe operó como el siervo indicado.

En cuanto a esa interrelación alguien publicó un escrito, este versaba sobre la manera de mejorar las probabilidades de conseguir trabajo por parte de los que buscan empleo. Trataba de una forma interesante el tema del temor que acompaña al solicitante cuando se presenta ante el patrón potencial para la entrevista en la que se decidirá la concesión del empleo.

El autor sacó a relucir un punto esencial que a veces perdemos de vista: el empleador está tan interesado en hallar a la persona idónea para llenar la posición como el solicitante. Es decir, es una avenida de dos vías. Hay interés de ambos lados.

En la evangelización descubrimos lo mismo. Sin dudas, habrá ocasiones en las cuales el mensaje será rechazado por algunos de los receptores. No obstante, podemos estar seguros de que otros serán como el etíope: buscan a Dios porque el Señor los busca a ellos.

Los mensajeros deben capacitarse para explicar las Escrituras

El etíope llevó su persona, posición, preparación y preguntas al encuentro. Por cierto, había sido expuesto a las Escrituras, y su reflexión sobre el significado de una porción de Isaías 53 fue la preparación

¡Me seréis testigos!

precisa para su conversación con Felipe, y su conversión posterior. El eunuco deseaba entender la Palabra de Dios, y este le proveyó a Felipe para ayudarlo.

«*El eunuco respondió a Felipe y dijo: Te ruego que me digas, ¿de quién dice esto el profeta? ¿De sí mismo, o de algún otro?*» (Hch 8:26-34).

Dios ha dotado a ciertos creyentes con habilidades para enseñar las Escrituras. (Y todos, incluso los dotados, dependen de otros, usando recursos de, y consultando con, aquellos que tal vez saben más que ellos en ciertas áreas.) No obstante, todos tenemos la responsabilidad de leer, estudiar, reflexionar en, comprender, y aplicar la Biblia. Esto incluye a aquellos a quienes les testificamos. Sería sumamente extraño que el eunuco no leyera más las Escrituras después de su encuentro con Felipe. Al contrario, ahora tendría más motivos para leerlas: conocía de manera personal a Aquel de quien ellas hablan (véase Lc 24:25-27; 44-45).

Tal vez hemos escuchado a alguien decir: «Trato de leer la Biblia, pero no la entiendo». Quizás nosotros mismos hemos dicho o pensado lo mismo. Son varias las razones para afirmar esto. Hay porciones de las Escrituras difíciles de entender (aun para aquellos que la han estudiado profundamente). Pero, por otro lado, nosotros contribuimos a la dificultad por nuestra manera de leerla: «a retazos». Una sugerencia que revolucionaría su estudio de las Escrituras es la siguiente: Trate de leer el libro de la Biblia que desee de una vez, comenzando con el primer versículo hasta llegar al último, sin parar. Es decir, lea el libro completo, perseverando desde el principio hasta el final. No leer un poco un día y otro poco el próximo, sino todo a la vez. ¿Por qué? Es la mejor manera de mantener el hilo y comprender lo que el autor trataba de comunicar a su audiencia original.

En el capítulo 1 del libro de Jonás (que tiene cuatro), vemos que el profeta decidió huir «*de la presencia del Señor*» (1:3), pero allí no se nos dice por qué lo hizo. Por eso no podemos comprender la historia ni lo que el libro está tratando de comunicar. Pero al pasar al capítulo dos seguiremos sin comprender. Es más, si continuamos leyendo el capítulo tres todavía no sabremos la razón por la que el profeta huyó. No es hasta el cuarto capítulo, al final del libro, que captamos el motivo de su huida. Hallaremos la misma dinámica en todos los libros de las

¡Me seréis testigos!

Escrituras. La totalidad de ellos expresan un mensaje, pero si no los leemos por completo (preferiblemente de una vez, y mejor, repetidas veces) no entenderemos lo que intentan comunicar.

Muy pocos podrán hacer esto cada vez que abran una Biblia. Pero debemos incorporar esta clase de lectura a nuestra vida cristiana ya que nos proveerá más comprensión y capacidad para ayudar a otros. Muchos pasan su tiempo de descanso nocturno viendo telenovelas. Están delante de su televisor antes de que comience el programa, y se quedan allí sentados hasta que termine. ¿Por qué? Porque no quieren perder el hilo de la historia. Quieren enterarse de todos los detalles: ¿Qué está haciendo la suegra entrometida? ¿Qué ocurrió con el hombre celoso? ¿Qué pasó con la loca que se robó el bebé? Estas personas aprecian la importancia de conocer la historia de modo que la entiendan. ¿No deberíamos tener la misma disposición con la historia más importante de todas? Claro, eso requiere un compromiso de tiempo (algunas horas para ciertos libros). No obstante, perderemos más tiempo confundidos leyendo «a retazos».

Regresando al eunuco, este tenía una pregunta interpretativa y el apóstol se la respondió. El propósito de este pasaje no es solo exhortar a las personas a aprender a estudiar e interpretar la Biblia. No obstante, como creyentes debemos prepararnos para responder a las preguntas que tienen aquellos que andan buscando a Dios (y que Dios anda buscando).

Una tarde me llamó una señora para decirme que su sobrina de 8 años tenía unas preguntas acerca de la Biblia, y me preguntó si estaba dispuesto a hablar con ella. Contesté que sí. «¿Qué preguntas podrá tener una niña de ocho años?», pensé. Quizás será: «¿Irá mi perrito al cielo?» o algo semejante. Resultó que la niñita tenía tres preguntas: ¿Cómo sé que Dios existe? ¿Cómo sé que la Biblia es verdad? ¿Por qué murió mi abuelita? (Esta era una mujer piadosa que recién había muerto.) La niña tenía tres serias preguntas de naturaleza apologética, la última de la serie cubría el problema del mal. Por la gracia de Dios, pude responderle las preguntas, y esa tarde la niña creyó en Jesús como su Salvador.

Esta fue una de las circunstancias en las que un conocimiento de la Biblia (y de apologética o defensa racional de la fe) presenta su importancia. El Señor, además de acompañarme, me había provisto con el conocimiento necesario para poder servir de instrumento para la salvación de esa niñita. En el relato que estamos estudiando, el eunuco tenía una pregunta acerca de la interpretación de la Biblia.

El obrero cristiano puede y debe prepararse para responder las preguntas que hacen los que aún no han creído, y conducirlos así al Salvador. Entonces podremos ver cómo el Señor nos usa en las situaciones que se nos presenten. Dios preparó a Felipe para su encuentro con el eunuco, este tenía preguntas que requerían respuestas correctas. Pero en realidad, su interrogante apuntaba y lo dirigía hacia Aquel que había dado su vida por él: Jesús, el Mesías.

Los mensajeros deben testificar acerca de Jesús

Felipe predicaba a Jesús. Nosotros también debemos hacerlo. Notamos que en Hechos 8:5 él les *«predicaba a Cristo»*; en 8:12 leemos que *«anunciaba las buenas nuevas del reino de Dios y el nombre de Cristo Jesús»*; y en 8:35 «le anunció el evangelio de Jesús». En esta última referencia sabemos que Felipe trató con la interpretación de Isaías 53 y su enseñanza acerca del Mesías (en respuesta a la pregunta del eunuco: *«¿De quién dice esto el profeta? ¿De sí mismo, o de algún otro?»*). La pregunta (como también el contexto completo preparado por nuestro Dios soberano), presenta la oportunidad idónea para la respuesta de Felipe.

> *«Entonces Felipe abrió su boca, y comenzando desde esta Escritura, le anunció el evangelio de Jesús»* (Hch 8:35).

El eunuco necesitaba escuchar acerca de Jesús. Y el pasaje en el que estaba leyendo explica la muerte del Mesías con palabras que conmueven y convencen del pecado humano y la provisión perfecta hecha por el Cordero de Dios.

> *«¿Quién ha creído a nuestro mensaje? ¿A quién se ha revelado el brazo del Señor? Creció delante de él como renuevo tierno, como raíz de tierra seca; no tiene aspecto hermoso ni majestad para que le miremos, ni apariencia para que le deseemos. Fue despreciado y desechado de los hombres, varón de dolores y experimentado en aflicción; y como uno de quien los hombres esconden el rostro, fue despreciado, y no le estimamos. Ciertamente él llevó nuestras enfermedades, y cargó con nuestros dolores; con todo, nosotros le tuvimos por azotado, por herido de Dios y afligido.*

¡Me seréis testigos!

Mas él fue herido por nuestras transgresiones, molido por nuestras iniquidades. El castigo por nuestra paz cayó sobre él, y por sus heridas hemos sido sanados. Todos nosotros nos descarriamos como ovejas, nos apartamos cada cual por su camino; pero el Señor hizo que cayera sobre él la iniquidad de todos nosotros» (Is 53:1-6).

A veces en nuestra evangelización, enfocamos todo excepto a Jesús. Es bueno hablar de lo que Dios hace por nosotros, pero eso no puede salvar a los que escuchan. Podemos compartir nuestro testimonio para hablar del Salvador y lo que hizo por nosotros. A veces nuestros testimonios sirven para glorificar más nuestra vida pasada (o presente) que para señalar a Cristo. Enfatizamos, como dijo alguien, en «mi experiencia de Dios más que en el Dios de mi experiencia», Ambas cosas son importantes, pero no dudemos en quién debe caer nuestro énfasis.

De manera que si sacamos a relucir a Jesús en nuestro testimonio se aclaran las verdades que se refieren a nuestra salvación. Solo Dios puede satisfacer lo que su propia justicia infinita demanda. Ninguna criatura finita puede pagar una deuda infinita. Por lo tanto, Dios Hijo hizo el pago a Dios Padre voluntariamente, para satisfacer la justicia divina. Así, el Padre queda libre para perdonar a los que creen en su Hijo.

Por tanto, para poseer la vida eterna no hay nada que hacer, solo hay que creer la promesa del Señor. Cuando queda claro que nadie alcanza la pureza absoluta para obtener vida eterna (¿quién se puede limpiar por completo de la envidia, la lujuria, la falsedad, el racismo, y otros pecados interiores con los cuales todos luchamos?), que solo Jesús es el único sacrificio que el Padre acepta por el pecado (provisto por Dios mismo), y que sin su justicia no hay otra opción para salvarnos, cabe preguntarse: ¿Quién otro hay? Ninguno, respondemos con certeza.

Es común oír: «Esa es tu creencia y si te resulta positivo, está bien, yo tengo otra». Uno de los problemas con una afirmación como esa es que Jesús no nos deja otra opción que Él. Cuando dijo: «*Yo soy el camino, la verdad, y la vida, nadie viene al Padre sino por mí*» eliminó cualquier otra opción. Alguien señaló que si lo que Jesús dijo no es absoluto, entonces Él no sería ni siquiera un camino a Dios. ¿Por qué? Porque si hay otros caminos, entonces no sería cierta su afirmación. De manera que

¡Me seréis testigos!

creemos en Jesús o no creemos. No hay alternativa. Reflexionemos en las siguientes palabras del Maestro:

> «*En verdad, en verdad os digo: el que oye mi palabra y cree al que me envió, tiene vida eterna y no viene a condenación, sino que ha pasado de muerte a vida. En verdad, en verdad os digo que viene la hora, y ahora es, cuando los muertos oirán la voz del Hijo de Dios, y los que oigan vivirán*» (Jn 5:24-25).

> «*Y esta es la voluntad del que me envió: que de todo lo que él me ha dado yo no pierda nada, sino que lo resucite en el día final. Porque esta es la voluntad de mi Padre: que todo aquel que ve al Hijo y cree en él, tenga vida eterna, y yo mismo lo resucitaré en el día final*» (Jn 6:39-40).

> «*Yo soy el pan vivo que descendió del cielo; si alguno come de este pan, vivirá para siempre; y el pan que yo también daré por la vida del mundo es mi carne*» (Jn 6:51).

> «*Por eso os dije que moriréis en vuestros pecados; porque si no creéis que yo soy, moriréis en vuestros pecados*» (Jn 8:24).

Solamente hay un Cristo, Dios encarnado, que murió por nuestros pecados, y resucitó. Solo podemos tener vida eterna creyendo en Él.

Por lo tanto, en nuestra evangelización debemos enfatizar aquello que solo el cristianismo puede ofrecer: salvación por gracia, sobre la base de la obra redentora de Jesús, para todos los que creen en Él.

Otras creencias ofrecen paz y felicidad. Y mantienen a muchas personas atrapadas en religiones falsas que prometen menos problemas, más éxito en sus trabajos, y hasta pérdida de peso. Una joven que andaba promoviendo una de esas sectas se acercó a dos muchachos que caminaban por un área comercial. Ambos escucharon y respondieron con objeciones que contrariaban lo que la joven decía. Después de intentar infructuosamente de convencerlos, y llegando casi al fin de la conversación, probó con el pretexto de su experiencia.

La muchacha trató de persuadirlos diciendo: «Antes (es decir, antes de aferrarse a esas falsas creencias), yo era gorda y tímida». A lo que los muchachos respondieron: «Ah, pero nosotros no somos ni gordos ni tímidos». Y se acabó la conversación. Ella les ofreció algo que no

¡Me seréis testigos!

necesitaban. Sus experiencias no eran únicas entre las creencias del mundo, ni apuntaban a una base doctrinal confiable. Mientras los muchachos se iban caminando, la entrenadora de la joven se acercó y la regañó por la forma en que había tratado la situación.

¿Qué podemos aprender de esta joven? Por un lado, vemos que los testimonios basados en la experiencia no son característicos de la fe cristiana. Las personas que andan en falsas religiones también tienen «testimonios» de los beneficios que su creencia errónea les da. No son los beneficios perdurables que solo Jesús ofrece, pero son cosas que perciben como cambios positivos en sus vidas.

Además, muchas veces tenemos más problemas en nuestras vidas después de creer en Jesús que antes. El creyente enfrentará ciertos retos, persecuciones, y dificultades que el incrédulo no experimenta necesariamente. De manera que no podemos apoyamos en los cambios potenciales para realizar la evangelización. Sin dudas, el creyente obediente goza de muchas bendiciones, pero no debemos usar promesas de una vida sin problemas, más dinero, o más belleza al evangelizar.

También hay incrédulos en el mundo que son más responsables, agradables, y exitosos que algunos creyentes. Pero aunque siempre podrán encontrar algún fallo en nuestras vidas, nunca pueden acusar al Señor de algo. Como dijo el mismo Poncio Pilato: «*Yo no encuentro ningún delito en él*» (Jn 18:38). Así que podemos testificar respecto a la manera en que el Señor nos rescató de las drogas, o salvó nuestro matrimonio, o proveyó para nuestras necesidades. Pero lo más importante es usar el testimonio para dirigir a las personas a Jesús.

Danny, un joven adoptado que consumía drogas y se involucró en la delincuencia, pasó frente a una iglesia un sábado por la tarde manejando bicicleta con varios amigos. Los jóvenes del grupo de la iglesia estaban jugando baloncesto antes de comenzar un culto devocional. Danny y sus amigos pidieron jugar con ellos y el pastor de los jóvenes les dijo que sí, pero con la condición de que se quedaran para el devocional. Los amigos de Danny se fueron, pero él se quedó.

El mensaje predicado trató de la muerte de Jesús por nosotros. Aquella historia tocó el corazón de Danny. Después testificó que nunca había escuchado que alguien lo amara tanto al punto de morir por él. Danny, además de ser hijo adoptivo, venía de una familia fracasada en la que no se conocía mucho el amor. Aquel día, el joven creyó en Jesús movida por el amor del Salvador. Y el sábado siguiente llevó a sus hermanas y amigos para que también escucharan las buenas noticias acerca de Jesús. ¿Qué nos moverá al punto de que sintamos la necesidad de comunicarles a otros el mensaje del amor de Dios?

Volviendo al caso que estudiamos, Felipe le habló de Jesús al eunuco y este creyó. Dios usó a Felipe para hablarle a pesar de que el etíope se alejaba de Jerusalén. Allí se encontraban los doce apóstoles, que podrían haber respondido las preguntas de aquel hombre. Pero Felipe fue quien sirvió como instrumento idóneo para los propósitos del Señor.

Dios siempre usa a la persona idónea para comunicar el evangelio en un contexto dado

Recordemos que Lucas traza el movimiento de la iglesia desde Jerusalén (un inicio principalmente judío) hasta los «*confines de la tierra*». El trayecto del eunuco desde Jerusalén a su país nos ofrece un vistazo del movimiento del evangelio. Como observamos en el libro, la mayoría del pueblo del que proviene el Mesías lo rechaza, y los gentiles lo reciben, creyendo en Él. Quizás sea significativo, además, que el encuentro de Felipe con el etíope ocurra en el «desierto» (8:26), lugar en el que los israelitas fueron provistos con el tabernáculo y la manutención milagrosa de Dios y, sin embargo, donde desobedecieron y probaron al Señor. De manera que en el eunuco, tenemos un gentil, probablemente castrado (y, por lo tanto, impedido de participar en las ceremonias de Israel), que cree en el Mesías por medio de las Escrituras en su trayecto por el desierto.

No obstante, el Señor usó al apóstol en la conversión del eunuco como nos puede usar a nosotros también. Por alguna razón limitamos la obra de la iglesia a los pastores y líderes principales, y muchas veces a la localidad dónde la congregación se reúne. ¿Por qué? Un profesor de Nuevo Testamento señaló el hecho de que el etíope regresaba de Jerusalén dónde estaban los doce apóstoles, que por cierto fue el lugar donde murió el mismo Mesías de quien el eunuco leía. Es más, así como

¡Me seréis testigos!

instruyó a Felipe para encontrarse con el eunuco, Dios pudo haber hecho lo mismo con uno o dos de los apóstoles. Pero, decidió emplear a Felipe. De modo que el Señor usará al siervo idóneo —sea líder principal de la iglesia o no—, para cumplir sus propósitos.

Ireneo, uno de los «padres» de la iglesia primitiva, escribe que el eunuco regresó a su país a evangelizar (convirtiéndose en el primer evangelista etíope). No tenemos forma de verificar dicha afirmación. Pero, si es verídica, podríamos decir que aun cuando el eunuco no podía tener descendencia física, quizás engendró muchos hijos espirituales por media de la evangelización. Felipe también continuó evangelizando:

«Mas Felipe se encontró en Azoto, y por donde pasaba, anunciaba el evangelio en todas las ciudades, hasta que llegó a Cesarea» (Hch 8:40).

Allí en Cesarea lo encontramos años después con cuatro hijas que profetizaban (véase Hch 21:8-9). De manera que —si la supuesta actividad misionera del etíope es verídica— ambos, Felipe y el eunuco, siguieron siendo usados por Dios. Él usa a quién quiere y cómo quiere. Se observa también que el hecho de que el etíope conociera al Mesías en camino a su país tal vez indique el servicio que Dios tenía preparado para él en su tierra. Dios también tenía otros planes para Felipe y «el Espíritu del Señor» lo arrebató y «no lo vio más el eunuco». Este fue bautizado y continuó su viaje felizmente.

Consideremos el siguiente ejemplo. Yami, una maestra muy hábil con los niños, enseñaba una clase dominical para alumnos de ocho a diez años de edad, entre los cuales estaba Isaac, el hijo del pastor de la iglesia. Cierto domingo, la clase trataba acerca de testificar de Jesús. Los niños estudiaron un buen rato la lección, aprendiendo cómo testificar. Una vez terminado el servicio, Isaac se le acercó a la maestra para decirle un secreto. Él (con ocho años de edad) le había testificado a uno de sus amigos en la clase y el niñito creyó en Jesús. Le confió su secreto a su maestra porque sus hermanas, Rebeca y Neri, aún no habían experimentado el gozo de llevar a alguien al Salvador y no quería que se sintieran mal. (Es más, una de ellas se molestó porque su hermano la «ganó», ya que ella no había podido alcanzar a alguien para Cristo.) Más tarde, sus hermanas tuvieron el mismo privilegio. En esas circunstancias, Dios usó a los hijos del ministro, y no al pastor. Un tiempo después, los niños de la clase salieron a testificar por el vecindario, y tuvieron buenos resultados.

Las personas a veces están más dispuestas a escuchar a los niños que a los adultos, sean estos pastores o personas con cierta jerarquía en la iglesia. De manera que hay oportunidad para todos.

Un pastor relata que un día se le acercó una señora de la iglesia para quejarse de que la congregación era muy aburrida. El ministro le respondió: «¿Sabe por qué es aburrida? ¡Porque usted asiste aquí!» El pastor trató de enfatizar que la iglesia no giraba alrededor de él, y que si cada creyente se preparaba para la adoración y participaba en ella, entonces la congregación no sería «aburrida». De manera que Dios nos puede usar a todos y no solo a los líderes principales en la iglesia. Hay personas que nunca se acercan a la iglesia, y somos nosotros los que podemos alcanzarlas mejor que el pastor o cualquier obrero cristiano.

Conclusión

Un domingo, al pastor Gentry le tocó enseñar la clase dominical de los adolescentes. Trataba el tema de la evangelización, y específicamente la clase de personas a las que ellos temían testificarle. Expresaron sus ideas sin saber que el pastor los iba a desafiar. Gentry recordó a un policía que hacía guardia al frente de una tienda que estaba cerca de la iglesia. Después de considerar osado testificarle a la autoridad, el pastor anunció el siguiente reto: «Tengo un número en mi mente entre el 1 y el 21. Cada uno de ustedes me va a decir uno y el que acierte o se acerque más tendrá que ir el próximo domingo y testificarle al policía». Los muchachos estuvieron de acuerdo. Le correspondió a un joven llamado Erin encargarse del desafío. Pero una cosa es la teoría y otra la realidad. Tal parece que cuando lo pensó un poco más Erin no estaba tan animado como para ir a testificarle al policía. Pero entonces el pastor dijo: «¿Te sentirías mejor si antes de ir a él, fuera yo y le hablara?» Erin sintió alivio al instante. Igual sucede con nosotros, no tenemos que ir solos a hablar con el «policía». Dios preparará tanto al que creerá nuestro mensaje como a nosotros mismos.

Dios había preparado tanto a Felipe como al eunuco. Oigamos los relatos de quienes se atreven a testificar de Jesús y de la salvación

¡Me seréis testigos!

gratuita que ofrece. Ellos pueden comprobar la ayuda que Dios presta, las «coincidencias» en las que Dios los coloca cuando conversan con gente receptiva al evangelio. Es gratificante ver el gozo de los pecadores cuando reciben el regalo de la vida eterna. Dejemos que Dios comience a usarnos en lo que Él quiera, pero empecemos. Él nos proveerá la ayuda que necesitamos y nos abrirá nuevas puertas de oportunidad. Y podemos salir con la confianza de que «toda autoridad» le pertenece al Señor «en el cielo y en la tierra» (Mt 28:16-20). Él obró a favor de la iglesia y la dirigió en sus principios y lo sigue haciendo hoy.

Ideas para recordar

Cuando estudiamos los relatos en los que hay encuentros evangelísticos reconocemos ciertas semejanzas. Podemos ver la mano soberana del Señor, la centralidad de Jesucristo, y la realidad de que no podemos salvarnos a nosotros mismos. Solo los que creen en Jesús pueden regocijarse en sus caminos (Hch 8:39). Ellos reciben el regalo más precioso del universo, y el más costoso (Jesús pagó por él con su propia vida). Además del gozo resultante que Lucas saca a relucir en el relato (tema que resalta tanto en su evangelio como en Hechos) podemos apreciar otras lecciones.

- La evangelización eficaz no ocurre en el vacío, sino que Dios prepara tanto al obrero dispuesto como al receptor que no cree, para escuchar y responder a las buenas noticias. En nuestro caminar cristiano debemos ser fieles en las diversas tareas que el Señor nos encomiende. Veremos que Dios abre nuevas esferas de servicio a sus siervos dispuestos y obedientes. Con la disposición de «hacer bien y no mirar a quien» el Señor nos puede usar para comunicar las buenas nuevas y traer gozo y salvación a muchos. Podemos salir a evangelizar confiados de que aun cuando experimentemos rechazo inmediato (en algunos casos la persona llega a creer después, sin que nosotros lo sepamos), también hallaremos receptividad ante Jesús y el regalo de vida eterna que compró con su sangre.

- El conocimiento de las Escrituras nos ayuda en la evangelización. ¿Por qué nos sentimos amenazados e incapaces ante un Libro que Dios le ha dado a todo creyente para leer, estudiar, aplicar y beneficiarse del mismo? Gran parte de nuestros problemas con la comprensión de las Escrituras tiene su origen en la manera en que las leemos. La persona que lee los libros de la Biblia de principio a fin, sin interrupción, adquiere una visión panorámica del tema, un conocimiento de cómo las diferentes partes del libro se relacionan, y cómo se desarrolla el pensamiento en el mismo. Algunas de las preguntas que tenemos al comenzar a leer se aclaran a medida que seguimos hasta llegar al final. Al leer la Biblia de manera eficaz, estaremos más preparados para ayudar a aquellos que tienen dudas al respecto. Por cierto, el conocimiento apologético también nos equipa con otra herramienta útil en la evangelización.

- Debemos testificar acerca de Jesús. Felipe lo hizo, y en él tenemos un ejemplo a seguir. Hay varias maneras de sacar a relucir al Señor Jesús en nuestra evangelización. Podemos usar una «cadena mesiánica» en la que demostremos algunas de las profecías acerca del Mesías en el Antiguo Testamento y su cumplimiento en el Nuevo, en la persona de Jesús; pasajes mesiánicos como Isaías 53 o el Salmo 22. Relatos como el de Jesús y la mujer samaritana (Jn 4), el hombre que nació ciego (Juan 9), la resurrección de Lázaro (Jn 11), o los relatos de Su muerte en los evangelios con énfasis en la naturaleza sustituta de Su muerte: el Justo por los injustos (1 P 3:18). Es más, podemos testificar acerca de aquello que el Señor hace en nuestras vidas, pero con el propósito de dirigir a las personas a Jesucristo.

Dios utilizará a la persona idónea para el contexto particular y los propósitos que Él tenga en la proclamación del evangelio. No siempre serán los líderes principales de la iglesia los que alcancen almas para Cristo. (Aunque, por cierto, Felipe fue seleccionado para servir en la iglesia antes de salir a evangelizar.) Hay lugares (el desierto) y personas (el eunuco) para los cuales Dios usa a otros siervos. Eso se debe, tal vez, porque Él desarrolla a diferentes personas para diversas clases de servicio. El Señor usa y emplea a los líderes de la iglesia local en la manera que a Él le place. Ellos están para ayudarnos a desarrollar y

¡Me seréis testigos!

realizar nuestro servicio al Señor. Como a veces sus responsabilidades evitan que puedan estar donde están algunos de los que Dios quiere alcanzar, Dios lo preparó a usted para testificarles.

Aplicación

1. En Hechos podemos ver algo del desarrollo del ministerio de Felipe. Reflexione acerca de su propia vida y la manera en que el Señor lo ha traído al punto donde se encuentra ahora. Piense en aquellas cosas que puedan facilitar su ministerio aún más.

2. En la lección se enfatizó el hecho de que Felipe predicaba acerca de Jesús. Evalúe su propia manera de testificar a otros a fin de descubrir qué y cuánto énfasis le está dando a Jesús en su evangelización. ¿Estamos enfatizando que solo hay salvación por media de Él? ¿Destacamos que Él pagó por los pecados en la cruz y que no podemos agregar nada a Su obra? ¿Enfatizamos que si creemos en Él como Salvador recibimos vida eterna y no por nuestros méritos, esfuerzos o sacrificios?

3. Use experiencias reales expresadas por otros miembros del grupo, o dramatizaciones para aprender y practicar maneras de evangelizar a personas con las cuales tendremos contacto limitado (recordemos que el Señor se llevó a Felipe y el eunuco siguió en su viaje de regreso). Personas con quienes nos encontramos al tratar de abordar un autobús, un avión, un taxi, o en otras situaciones en las que el contacto sea limitado.

4. Desarrolle una serie de preguntas que se puedan usar para iniciar conversaciones evangelísticas en contextos específicos. Haga una compilación de los mejores métodos, ideas y preguntas que faciliten la evangelización en situaciones determinadas.

5. Lea y haga un estudio de Isaías 52.13-53.12 o del Salmo 22. Note cómo se aplican las expresiones al Mesías, Jesús y Su obra redentora. Además, anote los aspectos difíciles de interpretar en los pasajes indicados a fin de profundizar luego.

¡Me seréis testigos!

Sesión 4: LIDIA Y EL CARCELERO DE FILIPOS

Introducción

Martín ingresó al hospital pensando que su condición era crítica. Su hija Raquel, preocupada por la salvación de él, llamó a un pastor para que lo visitara y]e presentara el evangelio. Por cierto, cualquiera que conoce el mensaje de la vida eterna en Jesús puede comunicarlo a aquellos que lo necesitan (ya que la persona puede morir antes de que el ministro llegue). En este caso el paciente ya había escuchado el evangelio anteriormente, pero aun no había creído. De cualquier modo el pastor llegó al hospital y preguntó acerca de la condición del paciente. Le informaron que Martín iba a salir bien del asunto.

Nadie, sin embargo, le había dado la noticia al paciente. Este aún creía que solo le quedaban unos días de vida. Es más, pensaba que su hija le estaba ocultando algo acerca de su condición. Cuando vio entrar al ministro a su habitación. pensó lo peor. Aquello que sospechaba (incorrectamente) se confirmó en su mente. ¡La muerte estaba a la puerta!

El pastor entró sin darle las buenas noticias a Martín de que no estaba tan mal como se pensaba (el ministro estaba más preocupado por su condición eterna), y le preguntó: ¿Piensas que este es tu final? El señor respondió que sí. El pastor entonces le preguntó que si tenía certeza de su vida eterna y procedió a comunicarle las buenas nuevas de salvación. Después de asegurar su destino eterno se le dejó saber que su enfermedad no era fatal.

El ministro no le mintió a Martín (ya que este no le preguntó nada acerca de su condición). Solo aprovechó la incertidumbre del hombre ante la muerte para presentarle el evangelio. Respecto a esto, puede ser peligroso usar las llamadas «mentiras piadosas» para darle una

¡Me seréis testigos!

seguridad falsa a alguien que está cerca de la muerte. Tal vez estemos despreciando una oportunidad idónea para hablar del regalo de vida eterna. Desde la perspectiva humana no sabemos qué situación esté usando el Señor para atraer a alguien. Es obvio que en situaciones desesperadas (como también en contextos más apacibles) podemos a veces descubrir una oportunidad para compartir el evangelio.

Hay varias motivaciones y circunstancias que el Señor puede usar para traer a las personas a Él. En el relato de la mujer samaritana vimos la ternura del Jesús y su habilidad para confrontar a las personas con la verdad de su condición. Se dice que en el relato del hombre ciego que Jesús sanó la gratitud sirvió para llevarlo al Salvador que lo curó.

Esas maneras positivas de atraer alguien no agotan todos los ambientes posibles en los cuales la fe puede brotar. Por otro lado, el Señor nos puede poner en circunstancias en las cuáles tengamos que enfrentar nuestra propia condición de mortales y considerar el futuro. Varios estudiosos afirman que una situación de esta clase es el relato del carcelero de Filipos. Pero antes de llegar a él debemos examinar la narración acerca de Lidia, y las circunstancias que contribuyeron a que Pablo y Silas fueran encarcelados de modo que otros alcanzaran liberación.

Objetivos

1. Explorar la contribución de los relatos de Lidia y el carcelero de Filipos a la evangelización.

2. Aumentar nuestra confianza en la empresa evangelística mediante una mejor comprensión de la operación divina en la evangelización.

3. Participar en la evangelización y/o edificación individualmente o como parte de un equipo.

Lección

En el relato de Lidia y el carcelero de Filipos podemos ver algunas de las mismas verdades que hemos descubierto en los otros relatos así como nuevas expresiones y énfasis. En la evangelización no podemos explicar las razones de todo lo que pasa. No obstante, a veces después podemos ver el plan y la sabiduría del Señor en los resultados. De cualquier modo, para el siervo dispuesto todo sale bien al final a pesar de que en el camino a veces sufra a causa de su Salvador.

Dios cierra y abre puertas

Descubrimos que tanto el relato de Lidia como el del carcelero tienen su fuente en los intentos de Pablo y los que viajaban con él por seguir adelante en la empresa evangelística. Primero notamos que el apóstol había decidido salir a visitar los hermanos «en todas las ciudades» en las cuales ya habían proclamado la palabra (HCH 15:36).

De manera que salió para cumplir con lo propuesto a la vez que se mantuvo sensible a la dirección del Señor. Eso lo vemos en la acción del Espíritu Santo al impedir que entraran a Asia, y en los esfuerzos renovados del equipo (junto con la prevención de nuevo por media del Espíritu).

> «*Y atravesando Frigia y la provincia de Galacia, les fue prohibido por el Espíritu hablar la palabra en Asia; y cuando llegaron a Misia, intentaron ir a Bitinia, pero el Espíritu de Jesús no se lo permitió*» (Hch 16:6-7).

El apóstol y sus compañeros siguieron viajando hasta llegar a Troas donde recibió una visión en la noche: un hombre de Macedonia pidiendo que fueran a su ciudad a ayudarlos. No sabemos quién era ese hombre. No obstante, se persuadieron de que Dios los había llamado a Macedonia y se encaminaron hacia allá a fin de proclamar las Buenas Nuevas.

> «*Por la noche se le mostró a Pablo una visión: un hombre de Macedonia estaba de pie, suplicándole y diciendo: Pasa a Macedonia y ayúdanos. Cuando tuvo la visión, enseguida procuramos ir a Macedonia, persuadidos de que Dios nos había llamado para anunciarles el evangelio*» (Hch 1:9-10).

Podemos ver varias verdades de inmediato. Obedecer a Dios (en la evangelización, por ejemplo) incluye que en Su voluntad, Él mismo pueda prevenir que vayamos a ciertos lugares o hablemos con determinadas personas. El reto que tenemos muchos de nosotros es que ni siquiera procedemos a evangelizar. Se nos olvida aquella pequeña, aunque significativa palabra: «*Id*» (Mt 28:18a).

Estar en Su voluntad significa someterse a todos los aspectos de la misma a medida que seguimos adelante haciendo lo que por media de las Escrituras ya sabemos que debemos hacer. Así cumplimos con lo que la Biblia prescribe y el Señor se encarga de dirigir nuestros pasos.

Dios sabe quién necesita escuchar y cuándo. El hombre de Macedonia pidió ayuda (y la invitación fue extendida de manera sobrenatural). Los obreros del Señor tienen mensaje que trae ayuda a los necesitados de la gracia de Dios. Y el Señor nos utiliza a nosotros para traer la ayuda que las personas necesitan desesperadamente.

En resumen, podemos trabajar por el Señor en la evangelización (o en cualquier otra área de servicio) confiados de que no necesitamos «pedirle permiso». Él ya expresó Su voluntad en Su Palabra. Así que, debemos realizar nuestro servicio y prestar ayuda a todos los que la reciban, sabiendo que Dios puede prevenir que Dios puede prevenir que tomemos ciertas direcciones y también dirigirnos a otra área específica de servicio. Como siempre, necesitamos sabiduría y una disposición abierta a lo que Dios desea.

Un misionero contó un relato pertinente a este principio, aunque un poco romántico también. Resulta que en sus inicios como misionero, antes de ser enviado al campo para servir, se enamoró de una muchacha, también misionera, que servía en la misma agencia cristiana. Ambos querían servir al Señor. La voluntad de Él siempre era la prioridad para ellos.

La misión los envió a servir en dos campos diferentes, separados. Parece que Dios les abrió las puertas a ambos, pero en diferentes lugares. Aunque fue difícil, cada uno fue a su sitio asignado, confiando en que si el Señor quería, los reuniría en un día futuro. Resultó que cuando la joven llegó a su trabajo asignado se descubrió que era alérgica a algo en el ambiente, tanto que no podía trabajar allí. La misión tuvo que reasignarla (sin ella poder decir dónde).

¿Dónde la colocó el Señor? En el preciso lugar en el que estaba su amado compañero misionero. Ellos habían decidido servir al Señor y Él

¡Me seréis testigos!

los colocó donde quiso, para el bienestar tanto de ellos y de aquellos a quienes les estarían testificando y entre quienes trabajarían.

Al igual que Dios abre puertas para el servicio y nos guía a donde quiere, también atrae a los pecadores y les abre el corazón para que capten la verdad y crean en Jesús como su único Salvador.

Dios atrae al pecador y abre su corazón para que crea en Cristo

La salvación no ocurre sin que Dios obre ya que es Él quien salva al pecador. Por cierto, la narración de los eventos en Filipos saca a relucir la soberanía de Dios en la salvación. En el relato de Lidia descubrimos que ella y otras mujeres se reunían para orar a Dios. En otras ciudades Pablo y sus compañeros visitaban la sinagoga y aprovechaban la oportunidad de hablar con, y enseñar a, aquellos que ya estaban en la esfera del Dios verdadero.

Es más, aprovechaban que los asistentes a la sinagoga oían las Escrituras que hablaban del mismo Mesías que ellos proclamaban, por medio del cual —los que creyeran— podían experimentar el perdón de Dios. En Filipos, llegaron adonde algunos se reunían para orar. Aunque oraban a Él todavía no habían creído en Jesús como el Mesías. Aun cuando esto no es un punto esencial del relato, vemos también que Pablo y sus compañeros comenzaron a conversar tranquilamente con los que estaban reunidos allí. Algunos de nosotros casi asaltamos a los incrédulos y después nos preguntamos por qué no tenemos más éxito en la evangelización.

> *«Y en el día de reposo salimos fuera de la puerta, a la orilla de un río, donde pensábamos que habría un lugar de oración; nos sentamos y comenzamos a hablar a las mujeres que se habían reunido. Y estaba escuchando cierta mujer llamada Lidia, de la ciudad de Tiatira, vendedora de telas de púrpura, que adoraba a Dios; y el Señor abrió su corazón para que recibiera lo que Pablo decía. Cuando ella y su familia se bautizaron, nos rogó, diciendo: Si creéis que soy fiel al Señor, venid a mi casa y quedaos en ella. Y nos persuadió a ir»* (Hch 16:13-15).

¡Me seréis testigos!

Como debemos proclamarlas buenas nuevas a todos, incluso a aquellos que adoran a dioses paganos o están en brujería y ciencias ocultas, podemos aprovechar esas situaciones en las que algunos están en busca del Dios verdadero, aunque todavía no crean en Jesús. En nuestro mundo contemporáneo hallamos una situación similar con aquellos (que cómo la mayoría de hispanos y latinoamericanos) que han sido criados en la iglesia católica romana o influenciados por la misma.

Hay diferencias, por supuesto, entre la enseñanza bíblica de la **sola fide**, o salvación por fe sola y no por obras, y la enseñanza del catolicismo, un sinergismo o cooperación entre Dios y el hombre para al fin alcanzar y/o retener la vida eterna. Sería mucho decir que ningún católico romano conoce al Señor ya que tienen acceso a Su Palabra (y a libros devocionales y de estudio que la citan) en la que pueden hallar textos como Juan 3:16; 5:24; 11:23-27; Romanos 3:19-28; 4:1-8 y otros que Dios usa para salvar a muchos. No obstante, Dios también emplea al mensajero humano, de modo que podemos aprovechar las áreas comunes que tenemos.

Tenemos ciertas creencias compatibles con el catolicismo romano (aunque no exactamente en todo): la naturaleza de Dios (un solo Dios que ha existido eternamente en tres Personas: Dios Padre, Dios Hijo, y Dios Espíritu Santo), la muerte y resurrección de Jesús, las Sagradas Escrituras (aunque ellos aceptan libros no canónicos y elevan las tradiciones y decisiones de la iglesia al mismo nivel de autoridad que la Biblia), y la existencia del cielo y el infierno (ellos creen en un purgatorio redentor no Escritural).

No obstante las diferencias (muy significativas, por cierto), la mayoría de los católicos aceptan que Jesús es Dios, que el pecado merece ser castigado, que debemos creer en la Biblia; y que hay una eternidad, ya sea de gozo o castigo personal y consciente. No todas las religiones creen estas cosas. Y por lo tanto, tenemos base con la cual empezar.

Eso sí, debemos usar esa base para comunicar cómo obtenemos vida eterna al creer en Jesús, y no para argumentar puntos poco relevantes a la salvación eterna. Es decir, podemos convencer a la persona que profesa ser católico romano de que puede confesar directamente a Dios sin tener que ir a un sacerdote; de que puede comer carne el Viernes Santo y no sólo pescado; y de que el agua bendita no tiene más poder que cualquier otra. Pero ninguna de esas cosas (aunque ciertas) pueden darle certeza de vida eterna.

Un obrero cristiano habló con una mujer católica que reconoció por primera vez que la obra de Jesús a nuestro favor fue suficiente para pagar por nuestros pecados y que nuestras obras no pueden agregarle nada a ese sacrificio sustituto. Aunque donde ella adoraba probablemente contemplaba la imagen de Jesús colgado en la cruz, nunca había reconocido que sus obras nunca podían alcanzar la del Salvador, ni comprarle la salvación.

La señora nunca había relacionado la obra suprema de Jesús a favor de ella con la abismante insuficiencia de sus obras para obtener la salvación. El creyente, entonces, usó lo que ella ya reconocía (la muerte de Jesús por nosotros) para mostrarle la relevancia de ello para su vida (la suficiencia del sacrificio de Jesús y la imposibilidad de adquirir vida eterna sobre la base de nuestros méritos).

En otra ocasión, un equipo evangelístico de una iglesia visitó un hogar en el que la ama de casa afirmó que no creía en el diablo. Alguien del equipo le respondió que para tener vida eterna no hay que creer en el diablo sino en Jesús. Es cierto. La señora tendría suficiente tiempo en el futuro para llegar a creer en la existencia del diablo. Lo importante ahora era creer en Jesús para salvarse. Después tendría el resto de su vida para aprender más acerca de la sana doctrina y corregir las creencias erróneas. La señora creyó en Jesús esa noche y ahora, como creyente (con sus pruebas y los retos acompañantes), es muy dudoso que no crea en el diablo.

En resumen, no debemos despreciar las oportunidades con aquellos que aun cuando no han creído en Jesús, están en la esfera general de la verdad. Podemos usar lo que creen de la verdad bíblica para guiarles hacia Jesús, el Salvador, sin tratar de corregir primero todos sus conceptos erróneos. Posteriormente llega el proceso de crecimiento y aprendizaje que *todo* creyente necesita. Por cierto, el que ha creído en Jesús como Salvador necesita y debe aprender más de la Biblia.

¡Me seréis testigos!

Dejemos entonces que Dios abra el corazón y así las personas a las que evangelizamos creerán aquello sin lo cual nadie posee vida eterna. Recordemos el intercambio de Jesús y Marta:

> «*Jesús le dijo: Yo soy la resurrección y la vida; el que cree en mí, aunque muera, vivirá, y todo el que vive y cree en mí, no morirá jamás. ¿Crees esto? Ella le dijo: Sí, Señor; yo he creído que tú eres el Cristo, el Hijo de Dios, el que viene al mundo*» (Jn 11:25-27).

Podemos creer muchas cosas, pero sin el convencimiento de que Jesús es nuestro Salvador no tenemos vida eterna. Lidia creyó junto con su hogar. Después todos fueron bautizados, y Lidia pidió que Pablo y sus compañeros se quedaran en su casa (Hch 16:15, véase también el versículo 40). Es difícil pensar que Lidia y los suyos no estuviesen ansiosos por preguntarle cosas a Pablo y sus compañeros. La amada iglesia de Filipos había sido fundada y el proceso de crecimiento comenzó en aquella congregación que ayudó a Pablo desde el mismísimo principio (véase Fil 1:3-5).

Ahora bien, no todos los encuentros resultan tan sencillos y libres de problema. A veces el obrero del Señor hallará estorbos, conflictos, y persecución. Qué bueno que nuestro Dios todopoderoso puede hacer crecer y fructificar lo que antes fue negativo e improductivo.

Dios puede convertir lo negativo en positivo

A veces escuchamos o leemos cuadros irreales de la vida cristiana o de algún héroe de la fe. Presentan a grandes hombres y mujeres de Dios de tal manera que parece que vivieran en una nube, que los doce apóstoles son sus vecinos, y que el diablo tiene que inventar nuevos métodos para tentarles ya que los que ha estado usando por siglos con otros no funcionan con estos individuos particulares.

Raras veces encontramos a alguien como Daniel. Un pastor que trabajaba con los jóvenes en una iglesia en Colorado, predicó un sermón acerca de la depresión y el creyente, en el cual compartió sus propias luchas. La congregación respondió de manera tan positiva que muchos se le acercaron para expresarle sus batallas con la depresión e informarle que el mensaje los ayudó.

¡Me seréis testigos!

Estos jóvenes pudieron observar que aun los pastores y obreros cristianos profesionales tienen tentaciones, luchas, y problemas que deben vencer. De la misma manera, los escritores bíblicos, bajo la dirección del Espíritu Santo nos dejaron un retrato absolutamente real tanto de las bendiciones y santos placeres de la vida cristiana como también de sus dificultades, obstáculos y conflictos. Después del encuentro con Lidia y los que adoraban al lado del río, leemos otros relatos interesantes. Esta, siguiendo a Pablo y a nosotros, daba voces, diciendo: Estos hombres son siervos del Dios Altísimo, quienes os anuncian el camino de salvación. Y esto lo hacía por muchos días; mas desagradando a Pablo, éste se volvió y dijo al espíritu: Te mando en el nombre de Jesucristo, que salgas de ella. Y salió en aquella misma hora. Pero viendo sus amos que había salido la esperanza de su ganancia, prendieron a Pablo y a Silas, y los trajeron al foro, ante las autoridades:

> *«Y sucedió que mientras íbamos al lugar de oración, nos salió al encuentro una muchacha esclava que tenía espíritu de adivinación, la cual daba grandes ganancias a sus amos, adivinando. Esta, siguiendo a Pablo y a nosotros, gritaba diciendo: Estos hombres son siervos del Dios Altísimo, quienes os proclaman el camino de salvación. Y esto lo hacía por muchos días; mas desagradando esto a Pablo, se volvió y dijo al espíritu: ¡Te ordeno, en el nombre de Jesucristo, que salgas de ella! Y salió en aquel mismo momento. Pero cuando sus amos vieron que se les había ido la esperanza de su ganancia, prendieron a Pablo y a Silas, y los arrastraron hasta la plaza, ante las autoridades; y después de haberlos presentado a los magistrados superiores, dijeron: Estos hombres, siendo judíos, alborotan nuestra ciudad, y proclaman costumbres que no nos es lícito aceptar ni observar, puesto que somos romanos. La multitud se levantó a una contra ellos, y los magistrados superiores, rasgándoles sus ropas, ordenaron que los azotaran con varas. Y después de darles muchos azotes, los echaron en la cárcel, ordenando al carcelero que los guardara con seguridad; el cual, habiendo recibido esa orden, los echó en el calabozo interior y les aseguró los pies en el cepo»* (Hch 16:16-24 Biblia de las Américas).

La muchacha que les había estado siguiendo por «*muchos días*» (Hch 16:18) tenía un espíritu maligno. Ella y sus poderes no debían ser asociados por ningún motivo con los obreros del Señor y su santo mensaje, por lo que Pablo echó de ella el espíritu de adivinación (junto con la oportunidad de sus dueños para hacer dinero). Así, la liberación

¡Me seréis testigos!

de la muchacha esclava dio inicio a una cadena de consecuencias que resultó en que Pablo y Silas fueran colocados en el cepo del calabozo interior de la cárcel, después de ser azotados.

Con referencia al sufrimiento, Pablo escribió en una de sus cartas a los corintios que «esta aflicción leve y pasajera nos produce un eterno peso de gloria que sobrepasa toda comparación» (2 Cor 4:17). En aquella misma carta el apóstol provee algunas descripciones de las pruebas y tribulaciones que sufría:

> «*No dando nosotros en nada motivo de tropiezo, para que el ministerio no sea desacreditado, sino que en todo nos recomendamos a nosotros mismos como ministros de Dios, en mucha perseverancia, en aflicciones, en privaciones, en angustias, en azotes, en cárceles, en tumultos, en trabajos, en desvelos, en ayunos, en pureza, en conocimiento, en paciencia, en bondad, en el Espíritu Santo, en amor sincero, en la palabra de verdad, en el poder de Dios; por armas de justicia para la derecha y para la izquierda; en honra y en deshonra, en mala fama y en buena fama; como impostores, pero veraces; como desconocidos, pero bien conocidos; como moribundos, y he aquí, vivimos; como castigados, pero no condenados a muerte; como entristecidos, mas siempre gozosos; como pobres, pero enriqueciendo a muchos; como no teniendo nada, aunque poseyéndolo todo*» (2 Corintios 6:3-10, Biblia de las Américas)

En otro pasaje clásico, en el que Pablo defiende su apostolado, leemos:

> «*¿Son ellos hebreos? Yo también. ¿Son israelitas? Yo también. ¿Son descendientes de Abraham? Yo también. ¿Son servidores de Cristo? (Hablo como si hubiera perdido el juicio.) Yo más. En muchos más trabajos, en muchas más cárceles, en azotes un sinnúmero de veces, a menudo en peligros de muerte. Cinco veces he recibido de los judíos treinta y nueve azotes. Tres veces he sido golpeado con varas, una vez fui apedreado, tres veces naufragué, y he pasado una noche y un día en lo profundo. Con frecuencia en viajes, en peligros de ríos, peligros de salteadores, peligros de mis compatriotas, peligros de los gentiles, peligros en la ciudad, peligros en el desierto, peligros en el mar, peligros entre falsos hermanos; en trabajos y fatigas, en muchas noches de desvelo, en hambre y sed, a menudo sin comida, en frío y desnudez. Además de tales cosas externas, está sobre mí la presión cotidiana de la preocupación por todas las iglesias. ¿Quién es débil sin que yo sea débil? ¿A quién se le hace pecar sin que yo no me preocupe intensamente? Si tengo que gloriarme, me gloriaré en cuanto a mi debilidad. El*

¡Me seréis testigos!

Dios y Padre del Señor Jesús, el cual es bendito para siempre, sabe que no miento. En Damasco, el gobernador bajo el rey Aretas, vigilaba la ciudad de los damascenos con el fin de prenderme, pero me bajaron en un cesto por una ventana en la muralla, y así escapé de sus manos» (2 Cor 11:22-33, Biblia de las Américas).

De manera que la persecución y las dificultades representan algo normal para el creyente que obra para el Señor. Aunque hay otras ocasiones más apacibles que las descritas arriba, no debemos pensar que ocurren fuera de la voluntad del Señor o que debemos estar haciendo algo incorrecto. Al contrario, la persecución puede servir como señal que estamos impactando a un mundo hostil y necesitado a la vez. No debemos tratar de alborotar a las personas o levantar persecución a propósito, el mensaje cristiano puede hacerlo por sí mismo, sin tener que ayudarlo.

Una mujer en una iglesia trataba de convencer a alguien que ministraba allí de que los cristianos nunca sufren. Pero, en realidad su propio argumento era absurdo ya que hacía sufrir al maestro de escuela dominical de su clase. No hay base alguna para semejante teología.

En el caso de Pablo y Silas, un acto de liberación condujo a su encarcelamiento ya la salvación del carcelero y su familia. Su obediencia resultó en persecución, la que a su vez abrió nuevas puertas de oportunidad. Si Pablo y Silas no hubieran sido encarcelados ninguno de los eventos descritos habrían ocurrido. De manera que Dios realizó grandes cosas con el mal que pretendieron hacer los enemigos espirituales del Señor.

El ministerio LOGOI recibió un reporte de Pedro Carrizo, un pastor colombiano, que describía lo que ocurrió cuando él y un grupo de pastores y estudiantes de fueron atacados por la guerrilla de ese país. Ellos se reunían cada semana para orar y estudiar la Palabra de Dios. Una tarde, regresaban a sus hogares en una canoa, cuando oyeron el sonido de las balas que les disparaban desde la orilla del río.

Tres de ellos murieron al instante y algunos fueron heridos mortalmente al lanzarse al río para escapar. Solo seis llegaron a la orilla. Al salir del río, se encontraron rodeados de los guerrilleros que les habían disparado. El jefe de los fascinerosos los acusó de ser espías, les apuntaron a la cabeza, con la intención de ejecutarlos.

A uno de los atacados, un pastor joven llamado Flavio, le quitaron dos dedos con un disparo cuando saltó al agua. Flavio, aún tenía su mochila al hombro, en ella guardaba su Biblia y varios libros de LOGOI envueltos en otra camisa que tenía en su equipaje. Debido a la herido le dieron permiso para sacar su camisa y envolver su mano ensangrentada. Cuando sacó la camisa de la mochila, la Biblia cayó al suelo. Flavio recogió la Biblia y comenzó a suplicar: «Miren, no somos de la guerrilla. Somos cristianos que regresamos de un estudio bíblico».

Carrizo relata que la actitud del capitán cambio de inmediato. Parecía estar confundido. Agarró la mochila de Flavio, sacó uno de los libros de texto, *El Dios que adoramos*, y le preguntó: «¿De qué trata esto?» A pesar de su temor y sus heridas, Flavio comenzó a testificarle al capitán y a los que estaban con él. Cuando terminó de hablar, los otros oraron al Señor en silencio. De repente, el capitán ordenó a sus hombres que se fueran, y todos desaparecieron en las junglas.

Dos meses después dos de los guerrilleros regresaron buscando al «hombre de los tres dedos». Los guerrilleros creyeron en Jesús y comenzaron a congregarse ¡en la iglesia que pastorea Flavio!

El cristianismo no enseña que lo malo es bueno, pero tampoco niega la realidad del mal. Al contrario, los cristianos creemos que Dios está en contra del mal y que debemos luchar contra él en todo respecto. No obstante, Dios puede hacer que aquello en contra de nosotros resulte para el crecimiento y el avance de la verdad. Así pasó tanto con Flavio como también con Pablo y Silas. En este último caso el carcelero y su familia creyeron en el Señor.

Dios puede usar ambientes negativos para comunicar las buenas nuevas

El mundo del carcelero cambió por completo con la llegada de aquellos dos prisioneros, y de un terremoto providencial o sobrenatural. A todos, los apóstoles y el fenómeno natural, los usó el Señor para Sus santos propósitos.

¡Me seréis testigos!

> «*Como a medianoche, Pablo y Silas oraban y cantaban himnos a Dios, y los presos los escuchaban. De repente se produjo un gran terremoto, de tal manera que los cimientos de la cárcel fueron sacudidos; al instante se abrieron todas las puertas y las cadenas de todos se soltaron. Al despertar el carcelero y ver abiertas todas las puertas de la cárcel, sacó su espada y se iba a matar, creyendo que los prisioneros se habían escapado. Mas Pablo clamó a gran voz, diciendo: No te hagas ningún mal, pues todos estamos aquí. Entonces él pidió luz y se precipitó adentro, y temblando, se postró ante Pablo y Silas, y después de sacarlos, dijo: Señores, ¿qué debo hacer para ser salvo? Ellos respondieron: Cree en el Señor Jesús, y serás salvo, tú y toda tu casa. Y le hablaron la palabra del Señor a él y a todos los que estaban en su casa. Y él los tomó en aquella misma hora de la noche, y les lavó las heridas; enseguida fue bautizado, él y todos los suyos. Llevándolos a su hogar, les dio de comer, y se regocijó grandemente por haber creído en Dios con todos los suyos*» (Hch 16:25-34)

Hay varios detalles que los estudiantes de las Escrituras observan en este pasaje y que debemos explorar. De inmediato vemos que estos dos prisioneros estaban orando y cantando himnos aun después de haber sido azotados. Luego, en el relato de los acontecimientos al día siguiente, aprendemos que las acciones contra ellos no fueron realizadas conforme a la ley romana:

> «*Cuando se hizo de día, los magistrados superiores enviaron a sus oficiales, diciendo: Suelta a esos hombres. El carcelero comunicó a Pablo estas palabras, diciendo: Los magistrados superiores han dado orden de que se os suelte. Así que, salid ahora e id en paz. Más Pablo les dijo: Aunque somos ciudadanos romanos, nos han azotado públicamente sin hacernos juicio y nos han echado a la cárcel; ¿y ahora nos sueltan en secreto? ¡De ninguna manera! Que ellos mismos vengan a sacarnos. Y los oficiales informaron esto a los magistrados superiores, y al saber que eran romanos, tuvieron temor. Entonces vinieron, y les suplicaron, y después de sacarlos, les rogaban que salieran de la ciudad. Cuando salieron de la cárcel, fueron a casa de Lidia, y al ver a los hermanos, los consolaron y partieron*» (Hch 16:35-40)

Aquí notamos que en un marco de persecución, azotes injustos y encarcelamiento, Pablo y Silas dirigen sus peticiones y canciones al Señor, y este responde con un terremoto.

¡Me seréis testigos!

No podemos perder de vista el hecho de que nada está fuera del control de la soberanía de Dios. Cierto profesor enseñaba en sus clases de teología que el plan o decreto soberano de Dios se desenvolvía en cuarto maneras: Dios permite algunas cosas que no aprueba (el pecado); limita otras (el tiempo en el cual el hombre vivió antes del Diluvio, por ejemplo); previene otras (como que Abimelec se acostara con Sara [véase Génesis 20.6]); y dirige otras de manera directa (la muerte de Ananías y Safira, en Hechos 5, por ejemplo). Así que, ninguno de los eventos de aquella noche estaban fuera de la esfera de la soberanía de Dios.

Entonces, fuese permitido el terremoto en Su providencia o enviado directamente por Él, salvar al carcelero y su familia era parte de Su plan original. Ahora, no sabemos cuál fue el efecto en el resto de los prisioneros que escucharon a Pablo y Silas. Pero no debemos perder de vista lo que ocurrió con el carcelero antes del terremoto.

Después de asegurar a sus prisioneros (Hch 16:23-24), se acostó a dormir (en Hch 16:27 vemos que el carcelero había estado durmiendo). Al despertar ¡todo su mundo estaba al revés! No quedó ni una puerta cerrada, ni una cadena segura. Pensó suicidarse creyendo que los prisioneros de los que era responsable habían escapado (por lo que tendría que enfrentar a sus superiores). Pero el Señor lo hizo pasar un susto para cumplir Sus propósitos, los cuales incluían su salvación y la de su familia. (En el libro de Hechos vemos varios ejemplos de hogares enteros que fueron salvos, incluidos todos los que vivían en la casa, no solo la familia de sangre.)

Hay gran bendición, indudablemente, en la salvación de un hogar completo, pero no siempre ocurre así. A veces algunos en la familia creen y otros no. En ciertos casos, parte de la familia o algún miembro cree primero y después, poco a poco, los demás. De manera que aun cuando las palabras de Pablo en el caso del carcelero resultaron, no garantizan que todas las familias de creyentes serán salvos.

Todos deben creer conforme a la respuesta de Pablo y Silas a la pregunta del carcelero: «*Cree en el Señor Jesucristo, y serás salvo, tú y tu casa*» (Hch 16:31, Reina-Valera, 1960). Por la gracia de Dios, hubo regocijo en el hogar del carcelero ya que él y su casa tenían certeza de su salvación. Aquello pudo terminar en tragedia ya que el carcelero estaba dispuesto a quitarse su propia vida. Sin embargo, el Señor le dio vida eterna gratuitamente. El Señor puede (y en efecto lo hace) usar situaciones desesperadas en la vida de alguien para atraerla a Sí.

El señor Jaime estaba hospitalizado sin saber que sería la última vez. Había escuchado acerca del Señor hacía años, asistió varias veces a la iglesia, en su hogar había una Biblia, su familia había creído en Jesús, y además tenía un pastor como vecino. No obstante, no se sabia aún —a esas alturas de su vida— si creía o no en Cristo. Pensábamos que sí, pero en vista de su rechazo en el pasado las dudas nos asaltaron.

Un amigo ministro lo fue a visitar y le dijo: «Jaime, espero que puedas salir bien del hospital. Pero en caso de que mueras, probablemente seré yo quien tendrá que oficiar tu servicio fúnebre. Quiero saber qué decirles a las personas. ¿Vas para arriba, o para abajo?» Aunque parece algo tosco, la relación entre el ministro y el enfermo permitió esa pregunta tan directa. Jaime afirmó que había creído. El ministro y su esposa oraron con él y unos días después partió con el Señor. En el servicio fúnebre se pudo dar un testimonio positivo.

Las situaciones críticas pueden ser muy valiosas en los esfuerzos evangelísticos. No las despreciemos. No es manipulación, sino sencillamente un encuentro crudo con la realidad.

Conclusión

Una joven católica viajó desde Venezuela a Norteamérica para visitar a un amigo que había creído en Jesús. Durante su estancia alguien le habló de las buenas nuevas de salvación que el Señor ofrece y por la que pagó por completo en la cruz. Aquella noche hablaron de la mujer samaritana. A medida que estudiaban el relato, porción por porción, el creyente le explicó cómo ser salvos creyendo en Jesús.

Cuando concluyó la explicación del pasaje le preguntó a la joven si quería ser salva. Ella respondió que ya había creído durante la exposición del pasaje de Jesús y la mujer samaritana. Ella oraba y creía en Dios desde que estaba en su país, pero aun así no era cristiana. No hay duda de que el Señor la dirigió a aquellas personas que Él antes

¡Me seréis testigos!

había capacitado para compartir con ella ese sencillo relato de la mujer samaritana (la joven regresó a Venezuela muy poco después). En algún momento durante la conversación, Dios abrió su corazón y ella creyó.

Muchos estudiosos señalan que en el libro de los Hechos leemos parte de la historia que todavía no ha terminado; es más, afirman que dicha historia continúa en la vida de la iglesia contemporánea. Así como el plan de Dios se desenvolvió históricamente con ellos, lo sigue haciendo con nosotros. También tenemos la oportunidad de ver obrar la mano soberana de Dios para traer a Él a las personas sin esperanza y proveerles con la salvación que ofrece gratuitamente.

Además, podemos gozar del privilegio de servirle comunicándoles a los necesitados que Jesús es el Mesías, el Salvador que da vida eterna a todos los que en Él creen. Y ayudar en el proceso de establecer a esos creyentes, no solo ministrándoles, sino viendo cómo nos ministrarán bajo el liderazgo de la iglesia local.

Ideas para recordar

No podemos leer el libro de Hechos sin ver la mano del Señor obrando a favor de los suyos para salvar a aquellos que estaban sin «esperanza y sin Dios en el mundo» (véase Ef 2:11-13). Hay varios énfasis que aparecen en los relatos narrados en Hechos 16. Pero respecto al papel que juega el evangelizador queremos señalar cuatro cosas que lo animarán para esa obra de evangelización:

1. Podemos y debemos realizar lo que el Señor nos ha instruido en las Escrituras con la plena confianza de que Él puede cerrar y abrir las puertas adecuadas. En vez de vivir ansiosos respecto al plan de Dios y la obra que quiere que hagamos, podemos avanzar confiados en que Él se encargará de los detalles (lugar, personas con quienes hemos de hablar, y otros asuntos específicos). El Señor dirige a sus hijos hacia aquellos que han de ser salvos por medio de nuestro servicio. En el proceso podemos buscar a aquellos que aun cuando todavía no han creído en Jesús, tienen una base compatible con el cristianismo, la que podemos usar para comunicar el evangelio.

¡Me seréis testigos!

2. Nuestra obediencia al testificar es solo una de las facetas en la salvación de aquellos que aún no han creído en Jesús. Dios es el que en última instancia atrae a aquellos que carecen de vida eterna y abre el corazón para que crean. Esta verdad nos debe proveer una gran confianza en nuestros esfuerzos evangelísticos. Lidia, como incrédula, oraba al Dios que ya la buscaba y que envió a Sus mensajeros para comunicarle las Buenas Nuevas, que ella y los de su casa necesitaban oír.

3. Enfrentaremos obstáculos, oposición y persecuciones en el proceso de evangelizar. Sin embargo, aun estas cosas negativas pueden resultar en beneficios tanto para los evangelizadores como para los evangelizados. En la vida cristiana podemos ver repetidamente que los esfuerzos del enemigo para frustrar los propósitos de Dios terminan ayudando el crecimiento de la iglesia. Por lo tanto, debemos seguir adelante de manera confiada, acudiendo al Señor aun en medio de las tribulaciones, ya que no sabemos qué sorpresas agradables hay por delante.

4. Dios puede usar ambientes negativos para guiar a las personas a la fe en Jesús. El Señor conoce precisamente lo que las personas requieren a fin de que reconozcan su necesidad de salvación. De manera que las situaciones críticas, de desamparo o temor, pueden servir como contexto idóneo para comunicar el mensaje de salvación. La conversión de Lidia ocurrió en mejores condiciones que la del carcelero. En nuestros esfuerzos evangelísticos también veremos que Jesús es el único, suficiente, y amante Salvador. No hay esperanza de escapar de la condenación eterna sino a través de Él. El apóstol Pedro lo dijo así: «*Y en ningún otro hay salvación, porque no hay otro nombre bajo el cielo dado a los hombres, en el cual podemos ser salvos*» (Hch 4:12).

Aplicación

1. Emplee algunas experiencias de los miembros del grupo o alguna dramatización para aprender a, y practicar maneras de, evangelizar a alguien que se encuentra en una situación desesperada! ideal para comunicar las buenas nuevas. Incluya

¡Me seréis testigos!

las siguientes situaciones posibles (así como otras): la escena de un accidente en el que una persona está en peligro de morir; la pérdida de un trabajo, y enfermedades potencialmente fatales. [Nota: En una situación crítica de vida o muerte, como en la escena de un accidente, no hay tiempo para comenzar con el libro de Génesis y la primera profecía acerca del Mesías venidero. Pablo y Silas pudieron usar un sencillo: «*Cree en el Señor Jesucristo, y serás salvo, tú y tu casa*». La persona que está a punto de morir (y no ha creído en Jesús) sabe que necesita un Salvador. No necesita una clase dominical. Sabe que no ha sido buena y que merece juicio (por lo cual teme). Dicha persona (como todas) necesita solución para la condenación. Podemos usar un texto como Juan 6.47 y decir: Jesús dijo: «*De cierto, de cierto os digo: el que cree en mí tiene vida eterna*»). Él prometió dar vida eterna a todos los que en Él creen. Cree en Jesús»].

2. Haga una compilación de las mejores ideas, preguntas, y métodos para usar en situaciones como las exploradas anteriormente.

3. ¿Cómo debemos reaccionar ante las «puertas cerradas»?

4. ¿Cómo podemos usar las creencias comunes para comunicar el evangelio?

5. ¿Cuál debe ser nuestra actitud ante las situaciones difíciles (o de persecución) que pueden suceder en el proceso de la evangelización?

Sesión 5: EL PROCESO DEL SEGUIMIENTO

Introducción

Marcos y Raquel se conocieron en el grupo para estudiantes secundarios que funcionaba en su iglesia. Tenían los problemas comunes a cualquier adolescente, pero «se hicieron novios» durante un tiempo, aunque sin comprometerse muy íntimamente. Cuando terminaron la escuela secundaria, cada uno siguió sus estudios en distintos centros. Si bien se veían durante las vacaciones, cuando visitaban a sus familias y ocasionalmente en el verano, su relación ya no tenía aquella «llamita del amor». Siguieron encontrándose como amigos y escribiéndose por correspondencia, pero su relación no se estrechó más.

Unos años más tarde, cuando ambos estudiaban en la universidad, trabajaron como líderes en el mismo campamento de verano para jóvenes en las montañas de Colorado, y poco a poco el interés que sentían entre sí volvió a despertar. Ambos tenían un firme compromiso con Jesucristo como el Señor de sus vidas y se habían dedicado a su servicio. Mientras conversaban, descubrieron que sus metas en esta vida eran similares y su relación se fue profundizando cada vez más.

Escucharon el consejo de otras personas que también estaban trabajando en el campamento, de modo que pusieron su relación en oración, y se comprometieron a fines de ese verano. Cada uno volvió a su universidad, se escribían y conversaban frecuentemente por teléfono; el amor que Dios puso en sus vidas se fortalecía más cada día, y hacían planes para casarse una vez que concluyeran sus estudios.

Después de casarse en la iglesia a la que asistían, en una hermosa ceremonia, consiguieron trabajo en una ciudad cercana, y participaban activamente en su congregación, ministrando intensamente a otros.

¡Me seréis testigos!

Raquel quedó embarazada, dejó su trabajo, y se preparó para recibir a su hijo. Marcos aprendió cómo ser de ayuda durante el embarazo de Raquel, y fue un esposo ideal durante esos nueve meses. Todo iba sobre ruedas, pronto llegó el día tan esperado.

Cuando comenzó el trabajo de parto, Marcos llevó a Raquel al hospital, y Lucas Samuel llegó al mundo. Marcos y Raquel se felicitaban mutuamente por su éxito. Luego, ella empacó sus cosas y regresó a su casa. El recién nacido quedó en el hospital.

Marcos dijo con alegría: «Bien. Hemos hecho nuestra parte. El bebé goza de buena salud y le va a ir bien en la vida».

«Así es», respondió Raquel, sonriendo mientras recordaba a su hijo. «Es tan hermoso que estoy segura de que alcanzará grandes cosas para Dios».

Esta historia de romance, matrimonio y llegada de un niño al mundo tuvo un final muy extraño, completamente contrario a lo que cualquier madre o padre haría en cualquier sociedad. Muchos considerarían que estos padres no tienen corazón ni sentimientos, o que son ignorantes o personas que nunca quisieron tener hijos. Es difícil creer que haya padres capaces de abandonar a un bebé indefenso.

Sin embargo, esta clase de abandone ocurre en todo el mundo, muchas veces al día, cuando los nuevos cristianos son abandonados por sus padres espirituales. Es necesario brindar cuidado paternal a la criatura que nace. Si ha sido bendecido participando en la conversión de un nuevo creyente y, por cualquier motivo, no puede dedicarle el «cuidado paternal» que necesita, debe hacer todo lo que esté a su alcance para que otro hacedor de discípulos asuma esta responsabilidad.

En la práctica médica, el ginecólogo se encarga del cuidado prenatal y el nacimiento, el pediatra luego controla el crecimiento del niño. Estas especialidades médicas se llaman *ginecología* y *pediatría*. En la esfera espiritual, la *ginecología* consistiría en conducir a una persona al conocimiento salvador de Jesucristo, mientras que la *pediatría* sería ayudar al nuevo convertido a crecer espiritualmente hasta alcanzar la madurez.

¡Me seréis testigos!

Desde el punto de vista físico, los padres desempeñan la función más importante en el crecimiento del recién nacido. Lo mismo es cierto desde una perspectiva espiritual. El recién convertido tiene varias necesidades:

Alimentación— 1 Pedro 2:2
Desead, como niños recién nacidos, la leche espiritual no adulterada, para que por ella crezcáis para salvación.

Protección — 1 Pedro 5:8
Sed sobrios, y velad; porque vuestro adversario el diablo, como león rugiente, anda alrededor buscando a quien devorar.

Capacitación — Colosenses 2:6-7
Por tanto, de la manera que habéis recibido al Señor Jesucristo, andad en él; arraigados y sobre-edificados en él, y confirmados en la fe, así como habéis sido enseñados, abundando en acciones de gracias.

Por supuesto, el ginecólogo es quien, como médico, facilita el nacimiento. En lo espiritual, podríamos compararlo con el evangelista. El pediatra es la persona encargada de controlar al recién nacido durante su estancia en el hospital. Correspondería al pastor que tiene capacitación, experiencia y vocación para cumplir con esta tarea en el ámbito espiritual. Pero, en última instancia, los protagonistas son los padres. Los padres cuidan del bebé todo el tiempo. No importa la edad física del niño, las personas que lo trajeron al mundo y lo cuidaron a lo largo de toda su vida serán siempre los padres. Por analogía, esto también es cierto en la vida espiritual. Los padres espirituales son necesarios para el crecimiento continuo en la vida de una persona.

El seguimiento se define como el proceso de brindar atención constante al recién convertido hasta tanto esta persona se integre a una iglesia, descubra su lugar de servicio, y sus dones para trabajar activamente para Jesucristo y ayudar a edificar la iglesia de Cristo.

En otras palabras, el seguimiento es un proceso de atención continua, que literalmente significa trabajar diligentemente con un nuevo creyente. Requiere de una *persona*, y no solo de cosas. Por cosas, entendemos un buen estudio bíblico o una guía para el estudio de la

¡Me seréis testigos!

Biblia que, por supuesto, también son herramientas necesarias. Pero siempre tendrá que haber un hombre o una mujer, que llamaremos «discipulador», que dedique su tiempo y energías para ayudar al recién convertido en el crecimiento de su vida cristiana.

Un bebé espiritual no debería ser abandonado bajo ninguna circunstancia luego de creer en Cristo. Es necesario alimentar y proteger al discípulo recién nacido hasta que alcance su madurez y se convierta en un «adulto» espiritual. Esta sesión presentará ciertas pautas para comenzar este proceso de seguimiento o para alimentar espiritualmente a los nuevos cristianos (o a los cristianos mayores que espiritualmente estén aún en pañales).

Objetivos

1. Identificar el porqué del seguimiento y la afirmación en la fe de los nuevos cristianos.

2. Aprender en qué consiste este proceso de seguimiento y reconocer su necesidad para la iglesia local.

3. Fijarse metas concretas que señalen claramente la dirección a seguir.

4. Comprender los principios bíblicos que constituyen la base del proceso de seguimiento.

5. Identificar las características de un discipulador efectivo.

Lección

Los evangelistas sensibles siempre se han preocupado por conservar el fruto de su evangelización. Lamentablemente, y con demasiada frecuencia, otros ministros menos sensibles —aun cuando consiguen respuesta por parte de la gente que desea creer en Cristo— se han preocupado poco por seguir espiritualmente a esas personas que responden al llamado. Suponen que quienes se acercan a Cristo luego podrían crecer en la fe por si solos. Pero como en el caso del bebé de Marcos y Raquel, los recién nacidos espirituales encuentran muy difícil crecer y madurar por si solos.

Tanto los bebés de carne y hueso como los espirituales necesitan cuidado pediátrico. En el ámbito espiritual, este cuidado se llama «seguimiento» o «afirmación en la fe». El concepto bíblico de *afirmación en la fe* es «el ministerio de ayudar a los cristianos recién convertidos o inmaduros a afirmar la fe sobre los fundamentos básicos para caminar con Cristo».

El porqué del seguimiento

La respuesta humana más común a cualquier instrucción nueva es «¿Por qué?» Esta pregunta tan normal no siempre es una respuesta con afán de crítica, queremos simplemente saber por qué se nos pide que hagamos algo. En la Biblia, Dios constantemente explica el *porqué*.

En primer término, el seguimiento es importante porque busca principalmente *preservar* la nueva vida espiritual de la persona que recién cree en Cristo y procura enseñarle a crecer en el Señor. En 2 Pedro 3:18 leemos que debemos crecer «*en la gracia y el conocimiento de nuestro Señor y Salvador Jesucristo*».

Es triste ver que hoy en nuestras iglesias hay muchos cristianos adultos que nunca han crecido espiritualmente y muchos más jóvenes y recién convertidos que ya ni siquiera permanecen allí. El alimento y cuidado espiritual son necesarios tanto para el nuevo cristiano como también para el creyente «viejo».

«[Pablo y Bernabé] *volvieron a Listra, a Iconio ya Antioquía, confirmando los ánimos de los discípulos, exhortándoles a que permaneciesen en la fe... Pablo dijo a Bernabé: Volvamos a visitar a los hermanos en todas las ciudades en que hemos anunciado la palabra del Señor, para ver cómo están*» (Hch 14:21b-22a; 15:36).

El seguimiento también es importante porque brinda al recién convertido y a las personas que son creyentes por años la oportunidad de experimentar el gozo de crecer en la fe y convertirse en los nuevos líderes de la iglesia. Todos hemos visto estos «desarrollos tardíos» en personas que comenzaron a crecer después de años de haberse decidido por Cristo. Un seguimiento inmediato a la conversión de estos hombres y mujeres les habría permitido servir en la iglesia muchos años antes, para gloria de Dios y crecimiento del cuerpo de Cristo.

Por último, es importante ya que Jesús nos enseñó que el seguimiento inmediato a la conversión es un ministerio de su iglesia. En la Gran Comisión, nos dice: «*Id, y haced discípulos a todas las naciones*» (Mt 28:19). *No dice*: «Id, y haced convertidos». El mandato es a hacer *discípulos* por su gracia y el poder del Espíritu Santo. Para que los convertidos crezcan en la fe en Cristo, deben recibir un seguimiento continuo.

La cuestión es sencillamente obedecer un mandato muy claro de Jesús.

El proceso del seguimiento

Hemos visto la importancia del seguimiento y ahora proseguiremos analizando el proceso que el nuevo creyente debería seguir para crecer y madurar en la fe cristiana. Toda relación de seguimiento que se establezca con un nuevo creyente deberá ayudarlo a:

- Recibir la certeza de su salvación.
- Comprender y poner en práctica la palabra de Dios en su vida.
- Comprender las doctrinas cristianas básicas.
- Comprender las disciplinas elementales de la vida cristiana (vida devocional, oración, comunión con otros cristianos, etc.).
- Integrarse a una iglesia local.
- Aprender a compartir su fe en Cristo con otras personas.

El seguimiento implica asociar al recién convertido con otro cristiano más maduro, con más experiencia en la vida cristiana, que hará las veces de «padre adoptivo». Este padre espiritual brindará al nuevo creyente todos los alimentos necesarios para su crecimiento espiritual, similares a los que brindamos para el crecimiento físico de un bebé: amor, protección, alimento, educación. Esta atención personalizada le permitirá al padre adoptivo hacer un proceso de seguimiento «a la medida», de acuerdo con las necesidades de cada nuevo creyente en particular.

Este fue el modelo básico del ministerio de Jesús, fue también el método de Pablo durante todo su ministerio, y es la manera más efectiva que tenemos en la actualidad para cumplir con la Gran Comisión. Como buenos padres, pasamos tiempo con otra persona en forma individual o en grupos pequeños. Esta atención individual o en grupos pequeños de enseñanza y capacitación constituyen las condiciones ideales para producir un aprendizaje capaz de transformar vidas.

Repaso

1. Converse sobre la historia de Marcos y Raquel. ¿Por qué cree que muchas iglesias parecen ser insensibles a los «huérfanos espirituales»?
2. Escriba tres motivos por los que el seguimiento de los nuevos creyentes es importante.

Objetivos del proceso de seguimiento

El propósito del seguimiento es que los nuevos creyentes o los creyentes inmaduros afirmen su fe para que puedan vivir su vida cristiana de manera efectiva. Pablo expresó esta meta cuando dijo: «*A [Cristo] anunciamos, amonestando a todo hombre, y enseñando a todo hombre en toda sabiduría, a fin de presentar perfecto en Cristo Jesús a todo hombre*» (Col 1:28). Podemos enunciar esta meta como una serie de objetivos que nos permiten evaluar nuestro progreso:

Objetivos doctrinales

Enseñar al nuevo creyente los fundamentos de la doctrina y orientarlo según las Escrituras. Él necesita conocer las enseñanzas de la Biblia sobre los temas principales, tales como la Biblia, Dios (Padre, Hijo, Espíritu Santo), la humanidad, el pecado, la salvación, el crecimiento y las responsabilidades del cristiano, la iglesia y los tiempos postreros.

Objetivos devocionales

Presentarle al nuevo creyente las herramientas necesarias para el crecimiento espiritual —el tiempo devocional diario, dedicado a la lectura de la Palabra y la oración. Como las Escrituras giran en torno a la persona de Jesucristo, el tiempo que dediquemos a su lectura nos permitirá conocerlo mejor y ser más semejantes a Él.

¡Me seréis testigos!

Objetivos ministeriales

Introducir al nuevo creyente a una amplia variedad de ministerios para que aprenda mediante la observación y la participación, de modo que comparta su fe en Cristo con los demás. Los nuevos cristianos posiblemente tengan, cuando recién se convierten, muchas más amistades y familiares incrédulos que los que tendrán el resto de su vida (a no ser que deliberadamente procuren cultivar amistades con no cristianos). El nuevo creyente deberá aprender a servir a otros, y a medida que madure, será necesario desafiarlo para que se convierta en un «factor multiplicador», es decir, un reproductor espiritual.

Objetivos personales

El nuevo creyente deberá comenzar a desarrollar una personalidad con firmes virtudes bíblicas y procurar eliminar las características negativas. A esto hacen referencia los pasajes en las epístolas de Pablo a los Efesios y a los Colosenses sobre *«el despojarse del viejo hombre»* y *«el vestirse del nuevo hombre»* (Ef 4:20-32; Col 3:5-17). Debemos ayudar a los cristianos jóvenes y a quienes se han quedado en su crecimiento a fortalecerse y sobreponerse a sus debilidades.

Objetivos sociales

El nuevo creyente deberá desarrollar una vida familiar y mantener relaciones armoniosas con otras personas importantes de la comunidad. Una autoestima saludable «potenciará» su capacidad para llevarse bien con otras personas.

Principios bíblicos del seguimiento

¿Son bíblicos estos objetivos y metas? ¿Es eso lo que Dios desea que hagamos y seamos? Analicemos lo que nos enseña la palabra de Dios con respecto a estos principios.

Dios desea que cada creyente crezca hasta alcanzar la madurez espiritual

Pablo, en su carta a los Colosenses, les dice: «*Por tanto, de la manera que habéis recibido al Señor Jesucristo, andad en él; ARRAIGADOS y SOBRE-*

¡Me seréis testigos!

EDIFICADOS en él, y CONFIRMADOS en la fe, así como habéis sido enseñados, abundando en acciones de gracia» (Col 2:6-7). Hay tres palabras en este pasaje que reflejan el lenguaje de crecimiento hasta la madurez.

1. El árbol tiene las raíces en la tierra, se ARRAIGA y crece hasta su madurez.

2. Un edificio tiene cimientos sobre los que se SOBRE-EDIFICA hasta que alcanza su altura definitiva.

3. Las personas son *confirmadas en la fe*, y se las considera completas, maduras, cristianos plenos.

En otros pasajes, Pablo nos dice que es nuestra responsabilidad edificar sobre el fundamento de nuestra salvación en Jesucristo. Pero es también nuestra responsabilidad, *«como perito arquitecto»*, sobre edificar sobre ese fundamento con *«oro, plata, piedras preciosas»*, no con *«madera, heno, hojarasca»* (1 Co 3:10-17).

Ilustración del árbol: ¡Arraigue sus raíces en la tierra firme de Jesucristo para resistir los vientos recios de la tentación!

La Biblia nos revela cuáles son las señales de la madurez

En la Escrituras encontramos las señales claras y visibles de una persona espiritualmente madura. Entre ellas están:

1. La búsqueda de la santidad (He 6:1)

2. El amor hacia los demás (1 Ti 1:5)

3. La paciencia en todo tipo de situación (1 Cor 3:13)

4. La unidad auténtica con otros cristianos (1 Cor 3:1-3)

La Biblia nos recuerda que Dios es la fuente para el crecimiento espiritual

Dios es la raíz y fuente de nuestra fortaleza y sustento. Pablo les explica a los corintios que Dios es quien da el crecimiento (1 Cor 3:6). El Señor enseñó a sus discípulos con la parábola de la vid y los pámpanos (o ramas), que Jesús era la vid y la fuente de crecimiento para las ramas (Jn 15:1-8). El secreto de esta relación y crecimiento es nuestra «permanencia» en el Señor (estar cerca y en contacto con Jesucristo). Solo así podremos crecer hasta alcanzar la madurez espiritual.

Permanecer en Cristo significa que como seres humanos hemos sido injertados a Dios, la raíz y la fuente de nuestra fortaleza y sustento. Esto nos capacita para servir a un mundo necesitado y no ser destruidos cuando las tormentas de la vida arrecien. Por supuesto, esta imagen enfatiza el hecho de que permanecer en Jesucristo es un paso de fe por parte del creyente. Fuimos injertados al tronco de Cristo en el momento de nuestra salvación, pero la manera en que este injerto es hecho, bien o mal, y los resultados manifestados por el cambio de vida del creyente son producto de la fe por parte del cristiano.

Ilustración de la vid: Fuimos injertados a Dios, raíz y fuente de nuestra fortaleza y sustento.

La Biblia nos advierte de los peligros que acechan al crecimiento del cristiano

Por desgracia, algunos cristianos comienzan a crecer, luego se alejan y dejan de crecer; otros nunca crecen después de venir al Salvador; incluso hay otros que caen en el pecado en sus años de madurez espiritual. Jesús mismo nos advierte de este peligro en la parábola del sembrador (Lc 8:5-15; Mt 13:3-9, 18-23; Mr 4:3-9, 13-20).

Esta parábola nos enseña que algunos no crecen porque carecen del alimento necesario, están en un ambiente hostil nada favorable para el crecimiento. Las pruebas y tentaciones sacan a relucir sus debilidades y como no tienen ningún recurso interior que les permita seguir creciendo, ceden a la tentación.

Jesús nos advierte también sobre los malos hábitos que hacen que las personas pequen (Mt 5:28-29) y las influencias negativas que algunos pueden ejercer sobre otros para apartarlos de su camino (Mt 18:6-14). Pablo nos advierte de falsas doctrinas y espíritus de mentira que impiden el crecimiento de los jóvenes cristianos (1 Ti 4:1). El escritor de la Epístola a los Hebreos nos advierte del peligro de un «corazón malo de incredulidad», en un pasaje en el que «incredulidad» es sinónimo de desobediencia (Heb 3:12-13).

Hay crecimiento dentro de las relaciones cristianas

Esta es una de las razones por las que Dios instituyó la iglesia, el cuerpo de Cristo, en la tierra. Crecemos más dentro de la *viña* de otros creyentes. Fíjese cuántos pasajes en el Nuevo Testamento tienen que ver con el trato entre hermanos en la fe (por ejemplo, Ef 4:32); tenemos responsabilidades hacia otros creyentes, debemos ayudarnos recíprocamente a crecer en espíritu. (Observe también los pasajes de Hch 20:32; 1 P 2:5; Ju 20.)

Esto significa que la iglesia tiene la función vital de confirmar en la fe a los nuevos cristianos y por lo tanto debe tomar muy en serio su responsabilidad de ayudar a sus miembros en el crecimiento espiritual.

El crecimiento espiritual abarca aspectos internos y externos

El crecimiento espiritual implica nuestro desarrollo personal interno (que no es visible para los demás), como es el caso de aprender más sobre la palabra de Dios, practicar una vida de oración, aprender a meditar sobre las Escrituras, y adoptar actitudes cristianas.

El crecimiento espiritual también implica actividades externas, como el desarrollo de nuestras técnicas ministeriales, nuestras «buenas obras» visibles (Ef 2:10), nuestras relaciones cada vez más armónicas con los demás, y la difusión de nuestra fe en todo momento sin avergonzarnos.

El crecimiento espiritual es un proceso de toda la vida

La Escritura insiste en que debemos aprender toda la vida; nunca alcanzaremos la perfección absoluta en esta vida sino hasta que lleguemos al cielo. Todos nosotros, por lo tanto, seamos jóvenes o mayores, debemos aprender que el llamado de Dios al discipulado nos acompañará todos los días de nuestra vida. Es emocionante escuchar a una persona de 80 años, fiel a Dios, decir: «Permítame contarle lo que Dios me enseñó la semana pasada y lo que aprendí de Jesucristo en su palabra»,

Hay muchos ejemplos de esta actitud en las Escrituras. Caleb, aún a los 85 años, estaba «vivito y coleando», y en pleno crecimiento. «Dame, pues, ahora este monte» pidió, y luego asumió la responsabilidad militar más importante en la tierra de Canaán porque «había seguido cumplidamente a Jehová Dios de Israel» (Jos 14:12a,14).

Plan general del ministerio de hacer discípulos: Ciclo de reproducción:

Discipulador — delegar
Mundo — evangelizar
Creyente — afirmar en la fe
Discípulo en crecimiento — capacitar

El crecimiento espiritual abarca toda la persona

Los seres humanos no están divididos ni son un agregado de piezas; cuando Dios nos creó a su imagen, nos hizo personas plenas. Conviene que no nos separemos en alma y cuerpo, como si cada parte nuestra hiciera una cosa determinada por su propia cuenta. El lenguaje de las Escrituras nos dice:

«Amarás a Jehová tu. Dios de todo tu corazón, y de toda tu alma, y con todas tus fuerzas» (Dt 6:5). Es la manera que el idioma hebreo tiene para expresar «Amarás a tu Dios con todo lo que tienes y eres».

Pablo insiste sobre esta verdad cuando cierra sus epístolas con la siguiente bendición: «y el mismo Dios de paz os santifique por completo; y todo vuestro ser, espíritu, alma y cuerpo, sea guardado irreprensible para la venida de nuestro Señor Jesucristo» (1 Tes 5:23).

Requisitos del discipulador

A esta altura es necesario señalar los requisitos que debe llenar una persona para realizar el seguimiento de un cristiano más joven. Como

¡Me seréis testigos!

gran parte del ministerio es ser un ejemplo de vida, la Biblia presenta algunos estándares y requisitos para la persona con el cometido de discipular a otra.

Por supuesto, el discipulador debe haberse *entregado al señorío de Cristo*. Sin este compromiso, no es posible tener el fundamento para ser ejemplo a otros creyentes jóvenes.

Un discipulador debe también tener *interés y amor por la gente*. Discipular es un ministerio que demanda mucho tiempo y energías. Quienes entreguen sus vidas en servicio a otras personas deberán tener este espíritu de amor y compasión.

Otra característica fundamental es la *santidad*. Esto no significa que el discipulador haya de ser perfecto, sino que su vida debe caracterizarse por procurar la santidad (Heb 11:14). No deberá hacer nada que pueda ser piedra de tropiezo para los cristianos más débiles.

Debe ser sincero y tener una mentalidad abierta. La persona dedicada a la formación de discípulos está muy expuesta a la crítica. Los nuevos creyentes apreciarán no solo nuestros puntos fuertes sino también nuestras flaquezas e incoherencias.

Un discipulador ha de marcar el ritmo en algunas áreas clave de la vida cristiana. El nuevo cristiano no solo debe escuchar lo que le decimos sobre nuestra vida devocional, de oración y de testimonio, sino que tendría que tener pruebas claras de ello con regularidad. Se debe poner en práctica lo que se predica. El apóstol Pablo pudo decir: «Lo que aprendisteis y recibisteis y oísteis y visteis en mí, esto haced; y el Dios de paz estará con vosotros» (Fil 4:9).

Podríamos citar muchas otras condiciones del discipulador, pero hay una que merece destacarse. Debe comprender cuál es su función en el proceso y cuál es la función de Dios. En 1 Corintios 3:6, el apóstol Pablo dice: «*Yo planté, Apolos regó; pero el crecimiento lo ha dado Dios*». Solo Dios puede traer crecimiento a la vida de una persona. El discipulador opera como catalizador de dicho crecimiento, pero nunca debe confundirse y creer que es quien está produciendo el crecimiento.

Una persona con estas características podrá ser efectiva para ayudar a otro cristiano en su crecimiento. El punto principal es el siguiente: para hacer discípulos hay que ser un discípulo. No se le puede pedir a nadie que crezca en la fe si uno mismo no está creciendo y madurando en la fe. Por otro lado, es de crucial importancia percatarse de que tampoco hay que ser «un gigante» espiritual para poder ayudar a otros. Si está firme sobre sus pies, sin tambalearse, ¡ya puede ayudar a otros a caminar!

Ideas para recordar

La idea del seguimiento de los nuevos cristianos puede compararse con la pediatría espiritual; es decir, el cuidado y la protección brindada a los bebés espirituales. Cuando una persona se convierte, es como un bebé recién nacido que necesita de todo el cariño y cuidado que sus padres puedan brindarle. Demasiado a menudo, los cristianos y las iglesias no se preocupan lo suficiente por los recién nacidos en su seno. El llamado de las Escrituras es para todos los cristianos, para que se interesen y cuiden a los bebés espirituales que tienen a su alrededor.

La expresión bíblica para este ministerio es *afirmar en la fe* a una persona. Esta sesión se concentró en los siguientes aspectos:

Tres razones por las que el seguimiento inmediato del recién convertido es de vital importancia.

- El proceso de seguimiento es la atención personalizada que le damos a los nuevos cristianos.

- El seguimiento tiene como meta que el nuevo cristiano adquiera seguridad, madure en su fe y se convierta en un reproductor espiritual.

- El seguimiento tiene objetivos doctrinales, devocionales, ministeriales, personales y sociales. En la última parte, se examinaron ocho principios bíblicos que son la base de este ministerio.

IMPORTANTE: Como cristianos nos hemos comprometido, personalmente y como parte de la iglesia, a un ministerio planificado de seguimiento.

¡Me seréis testigos!

Evaluación práctica

Reflexione sobre las siguientes preguntas:

1. Piense en su propia experiencia cristiana. ¿Hubo alguien (por ejemplo, sus padres, un maestro de Escuela Dominical, un amigo) que le haya ayudado a caminar con Dios en sus primeros días como creyente? Si fue así, ¿cómo le ayudó esa persona?
2. Si nadie le ayudó a crecer espiritualmente, ¿cómo llegó a convencerse de la necesidad de comenzar a crecer espiritualmente?
3. Examínese para ver cómo ha ayudado a otra persona a crecer en su vida espiritual.
   - Mediante llamadas telefónicas frecuentes.
   - Con visitas regulares.
   - Reuniéndose para orar.
   - Estudiando la Biblia juntos.
   - Asistiendo a la iglesia juntos.
   - Tomando vacaciones juntos.
   - Mediante cartas y postales personales.
   - Sentándose juntos.
   - Trabajando juntos.
   - Animándole.
   - Dándole consejos.
   - Pidiendo su consejo o ayuda.
4. ¿Cómo puede comprometerse para comenzar o continuar el ministerio de seguimiento en su iglesia?
5. Si todavía no está trabajando con un cristiano nuevo, o adormecido, para ayudarle a crecer espiritualmente, continúe

¡Me seréis testigos!

orando para que Dios le acerque a alguien a quien acompañar. Escriba el nombre de uno o dos posibles candidatos y pida en oración la dirección de Dios para esa relación.

6. Apréndase de memoria los pasajes de Juan 5.24; Romanos 10.9-10 y Colosenses 1.28; 2.6-7 en la versión de la Biblia que prefiera.

Sesión 6: CÓMO DISCIPULAR A UN NUEVO CREYENTE

Introducción

Un memorando fascinante ha estado girando en algunos círculos cristianos. No importa tanto si fue descubierto en una excavación arqueológica o si lo hallaron en algún registro de la antigüedad, lo que interesa es que es relevante al tema que nos concierne, el discipulado.

De: Consultores Gerenciales Jordán
Para: Jesús, hijo de José
Taller de Carpintería
Nazaret, Galilea 25922

Estimado Señor:

Gracias por enviarnos los currículos de los doce hombres que ha escogido para los puestos gerenciales en su nueva organización. Todos ellos han realizado las pruebas laborales. No solamente hemos alimentado los resultados de estas pruebas en nuestras computadoras sino que además nuestro sicólogo y nuestro consejero vocacional han mantenido entrevistas personales con cada uno de ellos.

Adjuntarnos los perfiles de todas las pruebas para que usted los estudie detenidamente. Como parte de nuestro servicio y para su mejor orientación, deseamos hacer algunos comentarios generales al respecto, de la misma manera que un auditor hace aclaraciones generales a su informe. Estos reportes son el resultado de reuniones conjuntas mantenidas con todo el personal y no implican ningún cargo adicional para usted.

Es opinión unánime de nuestro equipo que la mayoría de las personas propuestas carecen de experiencia, educación y aptitudes para el cargo en el tipo de empresa que usted desea realizar. Tampoco saben trabajar en equipo. Le recomendamos

¡Me seréis testigos!

que continúe su búsqueda de personas con experiencia en administración, y con habilidad y capacidad probadas.

Simón Pedro, es emocionalmente inestable y dado a berrinches temperamentales. Andrés, no tiene ninguna capacidad de liderazgo. Los dos hermanos, Santiago y Juan, hijos de Zebedeo, ponen su interés personal por encima de la lealtad a la empresa. Tomás, es escéptico y su actitud puede minar la moral de la compañía. Mateo, sentimos que es nuestro deber informarle, ha sido proscrito por la Cámara de Comercio de la Gran Jerusalén. Santiago, hijo de Alfeo, y Tadeo, tienen inclinaciones demasiado radicales, y ambos obtuvieron una puntuación muy alta en la escala de maníaco depresivos.

Uno de los candidatos, sin embargo, muestra gran potencial. Es habilidoso y lleno de recursos, sabe tratar bien a las personas, es inteligente para los negocios y tiene buenos contactos. Está muy motivado, es ambicioso y responsable. Le recomendamos a Judas Iscariote como hombre de confianza y gerente administrativo. El perfil de los demás candidatos no requiere más explicación.

Le deseamos todo el éxito en su próxima aventura de negocios.

Atentamente,
Consultores Gerenciales Jordán

La compañía «Consultores Gerenciales Jordán» no advirtió que la gracia de Dios puede suplir nuestras debilidades humanas y convertir a los «fracasados» en grandes hombres de Dios. El Señor Jesucristo toma en sus manos a seres humanos débiles como la arcilla y los moldea para convertirlos en grandes líderes espirituales de la historia.

El escritor a los Hebreos nos da una reseña histórica de los héroes de la fe de) Antiguo Testamento (Heb 11), y la historia de la iglesia nos presenta a muchos hombres y mujeres que, luego de un cambio en sus vidas, impactaron a su generación con el evangelio de Jesucristo. Por motivos de espacio no podemos ni siquiera citar a algunos de ellos. Lo importante es que tanto las Escrituras como la historia de la iglesia hacen referencia, en la mayoría de los casos, a un consejero que ayudó a estas personas a crecer en Cristo.

Hoy en día llamamos a esto *discipulado*. Ayudar a otro cristiano a convertirse en un obrero en el campo del mundo es un proceso que se

¡Me seréis testigos!

llama *discipular*. Un *discípulo*, por lo tanto, puede ser definido como un seguidor de Jesucristo, que se ha comprometido a ser un alumno fiel del Señor toda su vida. El *discipulado* es un proceso, es vivir como un discípulo. *Discipular* es ayudar a otro cristiano a ser un discípulo en el sentido bíblico, para luego perseverar en ese compromiso y reproducirlo en la vida de otra persona.

La tarea de *discipular* al nuevo creyente en su vida cristiana y ministerio constituye la siguiente etapa en el proceso de afirmación en la fe.

Objetivos

1. Tener una vista panorámica de todo el proceso de afirmación en la fe y del seguimiento.
2. Introducir los hábitos del estudio bíblico personal y la meditación sobre la Palabra de Dios.
3. Aprender cómo enseñar una efectiva presentación del evangelio a sus discípulos.

Lección

Vista panorámica

Para que nuestro ministerio de discipular sea efectivo debemos tener una vista panorámica de lo que implica esta etapa de afirmación en la fe o este proceso de seguimiento. Esto mismo hizo el apóstol Pablo en su ministerio: «[Pablo y Bernabé] volvieron a Listra, a Iconio y a Antioquía, confirmando los ánimos de los discípulos, exhortándoles a que permaneciesen en la fe...» (Hch 14:21b-22a).

Para que el seguimiento sea un proceso continuo, el nuevo creyente debe estar dispuesto a hacer algunos compromisos adicionales que le ayudarán en su crecimiento espiritual. El primero de estos compromisos es ser coherente en sus disciplinas y actividades cristianas; el segundo, es aprender a tener un estudio bíblico personal.

Hay también otras actividades que puede hacer. Todo discípulo en crecimiento debe participar activamente de las oportunidades que su iglesia local brinda para el aprendizaje y el ministerio, debe ser constante en su testimonio de Jesucristo, y ayudar en las actividades evangelísticas de su iglesia.

Si bien no todas las personas crecen al mismo ritmo, y todas tienen distintas necesidades, hay ciertas verdades sobre la fe cristiana y el crecimiento que son fundamentales y que es necesario dejar bien establecidas desde el inicio de la vida cristiana. Algunas de estas verdades pueden imaginarse claramente en el siguiente ejemplo, creado por Dawson Trotman, fundador del movimiento *The Navigators*, y adaptado al español por Logoi.

Ilustración de la rueda de una bicicleta

El concepto de la rueda es común a casi todas las culturas del mundo. La rueda de una bicicleta nos muestra con mucha claridad una verdad: Jesucristo debe ser el centro y eje alrededor del que gira nuestra vida (2 Cor 5:17; Jn 15:5; Gá 2:20); la banda que recubre es la parte de la rueda que tiene contacto con el camino y es visible a todos, su interior debe estar lleno de aire, eso nos recuerda que el cristiano obediente debe vivir lleno del Espíritu por fe (Heb 11:6). Cuando la rueda gira a gran velocidad los elementos que unen el centro con los bordes, los llamados rayos, se hacen invisibles, pero sin ellos no sería posible transmitir la energía motriz del eje a la llanta. Por último, la rueda tiene que estar bien balanceada para que gire bien y no dé tumbos.

Los «rayos» espirituales son la Palabra de Dios, la oración, la comunión con otros creyentes y el testimonio. La Palabra de Dios y la oración se asocian a nuestras relaciones verticales, con Dios; la comunión con otros creyentes y el testimonio al mundo se asocian con nuestras relaciones horizontales, con la gente. La fe es el neumático que absorbe el impacto de la vida y lo amortigua, de la misma manera que lo hace una llanta inflada cuando pasa por encima de los obstáculos en el camino. Este ejemplo es una ilustración admirable de lo que debería ser la vida del discípulo.

A este esquema podemos añadirle los siguientes objetivos específicos para la capacitación en el proceso continuo de seguimiento:

- Fortalecer constantemente las disciplinas cristianas antes mencionadas: el tiempo devocional, la oración, la memorización de las Escrituras, y las notas de los sermones.

- Desarrollar el hábito del estudio bíblico personal y la meditación de las Escrituras.
- Aprender a dar una presentación del evangelio y participar más activamente en esfuerzos evangelísticos.
- Participar activamente en la vida y el ministerio de la iglesia local.
- Dedicarse a desarrollar alguna faceta de nuestra personalidad para ser cada vez más semejantes a Jesucristo.
- Entender todo lo que implica el proceso de afirmación en la fe, para convencerse de la importancia del proceso de reproducción espiritual.

Dibuje la rueda de su propia vida en este momento; dibuje los rayos de la rueda de distinta longitud, para mostrar cómo se siente el «balanceo» de su vida en este momento.

Disciplinas cristianas para el crecimiento

En la primera etapa del seguimiento vimos algunas disciplinas cristianas que son fundamentales en la vida del recién convertido. Se desafió al nuevo cristiano a tener un tiempo devocional, dedicado a la lectura de la Biblia y la oración, y esperamos que también haya sido motivado a memorizar porciones de las Escrituras para resistir las dudas y tentaciones. Se le sugirió que compartiera con sus familiares y amigos el cambio operado en su vida y se le recomendó que tomara algunas notas de los sermones mientras escuchaba los mensajes que oye a menudo.

Estas disciplinas de la vida cristiana fueron presentadas más a modo de recomendaciones que como requisitos indispensables, más dentro de una metodología de *ayuda* que dentro de una metodología de *instrucción y capacitación*. A partir de ahora la metodología será más sólida, desde un punto de vista educativo. La enseñanza y la capacitación serán más estructuradas, se incluirá más material, y demandará más tiempo, tanto para las reuniones como para la preparación. Durante la parte de cada sesión dedicada a la evaluación de los resultados se compartirá lo aprendido durante los tiempos devocionales, se recitarán los versículos de las Escrituras que se hayan memorizados hasta ahora, se discutirán

¡Me seréis testigos!

las notas de los sermones y se tendrá un momento de oración. Discipulador y discípulo trabajarán juntos para ser más diligentes en estas disciplinas cristianas.

Repaso

1. ¿Qué aplicación tiene en su ministerio personal el memorando de «Consultores Gerenciales Jordán»?
2. Escriba un resumen de la ilustración de la rueda.
3. ¿Qué objetivos específicos de capacitación considera que son en el presente los más relevantes para su vida? ¿Para su discípulo?

Estudio bíblico y meditación

En esta etapa del seguimiento o del proceso de discipular se comenzará a incorporar otras dos disciplinas cristianas. Son dos maneras complementarias de alimentarnos de la Palabra de Dios. Estas disciplinas requerirán más esfuerzo y tiempo que las tres anteriores.

El *estudio bíblico* personal, que consiste en indagar las Escrituras para profundizar nuestro conocimiento de la Palabra de Dios. Hoy en día hay una amplia variedad de estudios bíblicos. El factor principal de este hábito cristiano es la aplicación personal, cuando el estudiante de la Biblia pone en práctica lo que aprende de las Escrituras.

Si se trata de un nuevo cristiano, conviene comenzar con un estudio bíblico sencillo, organizado en preguntas y respuestas. El estudiante responde a preguntas sencillas; con ayuda de una referencia bíblica. Cada tanto, puede incluirse una pregunta de aplicación personal, para que las verdades aprendidas se pongan en práctica en la vida del estudiante. Hay excelentes estudios bíblicos de este tipo. Pueden ser obtenidos de LOGOI, Asociación Evangelística Billy Graham, Cruzada Estudiantil para Cristo, Los Navegantes, InterVarsity, Christian Outreach, etc.

Muchas editoriales denominacionales e interdenominacionales también ofrecen otros materiales de estudio. Elija el que consideres más apropiado para la vida del nuevo creyente.

¡Me seréis testigos!

A medida que los cristianos crezcan espiritualmente, deberán aprender a estudiar la Biblia por sí solos. Una metodología fácil para comenzar un estudio bíblico personal puede ser reflexionar y pensar detenidamente sobre las siguientes preguntas:

1) *¿Qué es lo que dice el pasaje?* —Descubrir el contenido

2) *¿Qué significa?* —Entender el mensaje

3) *¿Cómo se relaciona con mi vida?* —Aplicación personal

Pero además, el discípulo necesitará comenzar a *meditar sobre la Palabra de Dios*. La meditación no es poner la mente en blanco, sino reflexionar a fondo en las verdades de Dios. Esta disciplina cristiana es muy valiosa como ejercicio espiritual porque nos permite aprender mucho sobre las Escrituras, al mismo tiempo que crecemos en la fe y el conocimiento. Cuando en la meditación prestamos atención a lo que Dios nos dice, su intención es cambiar nuestra vida, porque la Palabra de Dios siempre es espiritualmente beneficiosa (Is 55:10-11).

Presentación del evangelio

Hay muchas y excelentes presentaciones del evangelio disponibles hoy en día que pueden ser utilizadas con eficacia, como por ejemplo el «Evangelismo Explosivo», o «Las cuatro leyes espirituales», desarrolladas por la Cruzada Estudiantil para Cristo, y los «Cuatro pasos para tener paz con Dios» de Billy Graham. Todos estos métodos incluyen enseñanzas bíblicas básicas sobre los temas expuestos en una presentación bíblica. Las citas textuales pueden no ser las mismas, pero cualquier presentación incluirá los siguientes aspectos:

- Que los hombres y mujeres apartados de Dios son pecadores (Ro 3:23 y otros)

- Lo que Dios ha hecho por el mundo, la salvación a través de Jesucristo (Ro 5:8 y otros)

- La manera en que una persona puede recibir la salvación y sostener una relación personal con Jesucristo (Jn 1:12 y otros)

En primer lugar, el testigo de Cristo debe mostrarle a su interlocutor que se encuentra apartado de Dios, para crear así una sincera necesidad. Esto hace que la persona sienta suficiente motivación para buscar la satisfacción de un deseo personal. En este caso en particular, su mayor deseo será la reconciliación con Dios. La única excepción a Romanos 3.23 es Jesucristo mismo. Todas las demás personas están en pecado y se encuentran en esa situación. Si nuestro interlocutor no acepta su condición de apartado de Dios ni se propone remediar su situación, es inútil proseguir con la presentación.

En segundo lugar, el testigo de Cristo debe señalarle el remedio. La salvación es provista a través de Jesucristo, ¡claro y simple! Hay muchos versículos que describen el plan de Dios a través de Jesucristo.[Juan 3:16-18; 3: 21-26; 4:1-8: 5:25-25; 6:47; 10:25-27; Romanos 3:9-28; 4:1-8; 5:1; Efesios 2:8-9]. El que testifica puede usar un versículo recomendado —o uno de su preferencia— para describir el maravilloso plan de Dios para la reconciliación a través de Jesucristo. De cualquier manera, ¡lo importante en este momento es compartir el plan con emoción! El creyente sólo necesita recordar su emoción cuando se convirtió.

El tercer punto es un llamado a tomar acción. La presentación del Evangelio en el mundo puede acabar siendo unicamente un momento emocional pasajero, sin valor que perdure. Más allá del haber creído, Romanos 10:9-10 llama al recién convertido a tomar acción a través de una confesión verbal:

> «*Si confesares con tu boca que Jesús es el Señor, y creyeres en tu corazón que Dios le levantó de los muertos, serás salvo. Porque con el corazón se cree para justicia, pero con la boca se confiesa para salvación.*»

Estos principios básicos de una presentación del evangelio son ejemplo de una manera efectiva de compartir nuestra fe.

Repaso

1. ¿Qué importancia tiene el estudio bíblico y la meditación para el crecimiento del creyente?
2. Enumere los tres puntos principales de una presentación del evangelio.

¿En qué consiste el discipulado?

En esta etapa de seguimiento, de afirmación en la fe, nuestro discípulo aprenderá en qué consiste el discipulado; el principio de una visión para hacer discípulos. Basado en lo que aprenda y el tiempo compartido con usted, el seguidor comenzará a observar que *el fruto de ser un discípulo eficaz es caminar con Dios en la vida de otros.*

A medida que el discípulo persevera y consolida sus disciplinas espirituales, sentirá que esos mismos hábitos pueden ser reproducidos en las vidas de otras personas. En la medida que tenga un tiempo devocional diario, el cristiano puede enseñarle a otra persona cómo tener el suyo también: si toma apuntes de los sermones para aprender lecciones que le permitan cambiar su vida, puede también enseñar a otra persona cómo hacerlo.

El nuevo creyente ahora debe comprometerse a ser constante para consolidar los siguientes hábitos espirituales:

- Tomar notas de los sermones y de sus estudios bíblicos.
- Reservar un momento del día para orar y tener un tiempo devocional.
- Tener un estudio bíblico semanal para enriquecerse espiritualmente.
- Seguir un programa para memorizar porciones de las Escrituras
- Meditar sobre todo lo aprendido en la Biblia.
- Participar más activamente en los programas de evangelización de la iglesia local.

El material a ser utilizado en estas actividades puede ser cualquier «herramienta» de seguimiento utilizada por la iglesia.

Modelos de seguimiento

A. Modelo personalizado

Si el proceso de seguimiento es persona a persona, entonces, el programa para cada sesión entre el discipulador y el discípulo será similar al siguiente:

1. *Conversación informal para «ponerse al día»* (5 a 10 minutos).

2. *Evaluación de las tareas devocionales asignadas* para la semana anterior (15 a 20 minutos). Se compartirá lo aprendido de los

¡Me seréis testigos!

sermones y el estudio bíblico personal, y lo que nos puede haber sido revelado en el tiempo devocional; se recitarán de memoria algunos versículos de las Escrituras; y se meditará sobre determinados pasajes bíblicos.

3. *Discusión sobre el estudio bíblico personal* (15 a 20 minutos). Basada en cualquier material de estudio bíblico que haya sido seleccionado.

4. *Diálogo sobre las lecturas asignadas* (15 a 25 minutos). En esta etapa puede incluirse algún tipo de instrucción sobre el carácter cristiano y el evangelismo.

5. *Oración* (5 a 10 minutos).

6. *Tarea semanal para el crecimiento espiritual* (5 minutos).

Cada encuentro entre discipulador y discípulo demandará, por consiguiente, entre 60 y 90 minutos. En el transcurso de las 10 a 12 reuniones de seguimiento, no es necesario seguir siempre el mismo orden para tratar estos temas. Al final de este período, se invitará al discípulo a proseguir con un programa de capacitación o discipulado avanzado, que puede durar de seis meses a un año.

B. **Modelo de pequeños grupos**

Otra opción posible para la segunda etapa de afirmación en la fe es desarrollarla en grupos pequeños. En estos, el instructor bien capacitado, fiel practicante de las disciplinas espirituales analizadas en esta sesión, será el coordinador de un grupo pequeño (6 a 12 personas). Se compartirá lo aprendido en el tiempo devocional, el estudio bíblico semanal, las lecturas asignadas y el aprendizaje de conductas y actitudes que nos permitan tener una vida cristiana victoriosa.

El tiempo será más limitado, ya que si se trata de un grupo dominical, no podrá tener más de 45 a 60 minutos por sesión. Si el grupo se reúne una noche de la semana en casa de uno de sus integrantes, posiblemente pueda disponer de más tiempo; si, en el correr de la semana, se reúne en otro espacio público, dispondrá de menos tiempo. Será necesario establecer ciertas reglas de funcionamiento y la duración de este período de capacitación puede ser de un cuatrimestre o trece semanas.

¡Me seréis testigos!

Ideas para recordar

Hay que perseverar practicando las disciplinas espirituales que deben adquirirse en esta etapa de seguimiento, y agregar dos más, el estudio bíblico personal y la meditación. También debe dedicarse tiempo para la lectura de otros libros relacionados con la vida cristiana y tiempo para la instrucción formal. Hacemos hincapié en el entrenamiento en la evangelización y el testimonio personal a través de la iglesia local de la que ahora el discípulo es miembro. Debe continuarse con la costumbre de tomar apuntes de los sermones y estudios bíblicos, sin descuidar el tiempo devocional, el estudio bíblico semanal, la memorización de porciones bíblicas, y la meditación sobre lo aprendido de la Palabra de Dios en todas estas instancias.

Se busca fortalecer el compromiso con la iglesia local e incentivar la participación activa en sus ministerios. Se procura que el discípulo comience a esbozar la visión para su reproducción espiritual o «evangelismo multiplicador». El discípulo se reúne regularmente a solas con el discipulador o en grupos pequeños y espera ansioso el momento en que pueda ayudar a otro cristiano a crecer espiritualmente hasta alcanzar la madurez.

Como se trata de un modelo bíblico, podemos estar seguros de que operará en forma efectiva en cualquier programa de iglesia o cultura del mundo.

Evaluación práctica

Reflexione en las siguientes preguntas y situaciones:

1. Un nuevo creyente que busca crecer espiritualmente debe adquirir los siguientes hábitos cristianos durante esta segunda etapa. Verifique cuáles de estas características están presentes en la vida de su discípulo:

    - Constancia en los hábitos espirituales.
    - Lectura diaria de la Biblia.
    - Desarrolla el carácter.

¡Me seréis testigos!

- Testifica sin avergonzarse.
- Esboza una visión para hacer discípulos.
- Dedica más tiempo a la oración

2. En esta sesión presentamos el ejemplo de la rueda de bicicleta para ilustrar ciertos conceptos. ¿Qué objetivos de entrenamiento específicos puede adoptar en su vida para balancear su «rueda»?

3. Apréndase de memoria los pasajes de 2 Corintios 5:17; Juan 15:7; y 1 Juan 3:21-22. Elija la versión de la Biblia que prefiera.

Sesión 7: INTEGRACIÓN A LA IGLESIA

Introducción

Las iglesias siempre están en busca del pastor perfecto. David Haney describe con humor al pastor ideal como aquel que...
> Predica exactamente por veinte minutos y luego se sienta. Condena el pecado, pero nunca hiere las susceptibilidades de sus oyentes. Trabaja de ocho de la mañana a diez de la noche en todo tipo de labor, desde predicar hasta cuidar el templo. Tiene un salario de $60 semanales, usa buena ropa, lee buenos libros, tiene una familia agradable, conduce un buen auto y da $30 a la semana para el sostén de la iglesia. Está listo para contribuir con cualquier trabajo que se le pida.
>
> El pastor ideal tiene veintiséis años y ha predicado durante treinta años. Es alto y bajo de estatura, delgado y fuerte, y bien parecido. Tiene un ojo castaño y otro azulado, usa el pelo partido a la mitad, el lado izquierdo es lacio y castaño, el lado derecho es crespo y rubio. Le encanta trabajar con jóvenes y pasar mucho tiempo con gente mayor. Sonríe todo el tiempo y es inexpresivo, porque tiene un sentido del humor que le hace dedicarse seriamente a su faena. Hace quince llamadas telefónicas al día a los miembros de su iglesia, pasa todo el tiempo evangelizando a los no creyentes, y nunca abandona su despacho pastoral (*The Idea of the Laity* [*La idea de los laicos*], Zondervan, 1973, p. 42.)

¡Qué maravilloso sería si cada pastor se asemejara a esta descripción tan vívida del ideal concebido por los miembros de la iglesia! Pero la realidad está a años luz de esa imagen. Dios le ha concedido a muchas iglesias, pastores piadosos y muy capaces, pero en última instancia, son sólo seres humanos salvados por gracia por media de la fe. Suelen estar muy comprometidos con su ministerio, pero es imposible que hagan todo solos para mejorar la efectividad de los pastores es necesario desarrollar un ministerio de hacedores de discípulos que sean capaces de reproducirse.

Si cada pastor se propusiera seguir el ejemplo del apóstol Pablo, rodearse de un equipo de discípulos, y comenzar a entrenarlos para el trabajo en la iglesia, para que luego le ayudaran ... es posible que entonces pudiéramos ver las iglesias funcionando más de acuerdo con el modelo bíblico del Nuevo Testamento.

Ese modelo bíblico es un equipo ministerial. Jesús nos dio el ejemplo más claro, en la variedad de grupos que lo rodearon en sus tres años de ministerio público. El modelo de equipo también se ve claramente en el ministerio de Pablo, según lo registran los relatos de Lucas (Hechos) y las reiteradas menciones que hace en sus cartas.

En este capítulo se sugiere que el modelo de discipulado se integre al ministerio de la iglesia local. Es el modelo más efectivo para asimilar nuevos miembros a la iglesia activa en la extensión del evangelio. De hecho, es el modelo que permite el mayor crecimiento espiritual en el tiempo más corto y la formación de miembros activos y comprometidos con la vida de la iglesia, futuros líderes de la congregación.

Esto no significa que los programas activos en la iglesia local deban desecharse y ser sustituidos por otros nuevos. Al contrario, lo que se sugiere es que *el modelo de discipulado sea un ministerio complementario a los programas exitosos en funcionamiento, para apuntalarlos y hacerlos más efectivos.*

Objetivos

1. Reconocer a la iglesia como «el cuerpo de Cristo», y apreciar la enorme importancia que ella tiene para el cristiano individual y viceversa.

2. Aprender a descubrir, desarrollar y utilizar sus dones espirituales para beneficio de los miembros de la iglesia y la extensión del evangelio.

3. Comprender el proceso de asimilación de los nuevos miembros a la iglesia y estar listos para colaborar en dicho ministerio.

¡Me seréis testigos!

4. Entender el ministerio del discipulado como una parte integral de los demás ministerios de la iglesia.
5. Reconocer que cada iglesia debe encontrar el modelo de hacer discípulos que mejor se adapte a su situación particular.

Lección

Las plantas y las flores crecen mejor cuando las condiciones de clima y suelo son favorables, cuando no hay cizaña a su alrededor, y reciben la cantidad correcta de sol, temperatura y lluvia. El clima ideal para el crecimiento y desarrollo de los discípulos es la comunión fraternal entre los cristianos, cuando juntos disfrutamos de la instrucción diligente para «despojarnos» de aquellas cualidades negativas de nuestro carácter y «revestirnos» de las positivas, recibiendo también amor, protección y «ejercitándonos» (ministrando).

En su carta a los Efesios y los Colosenses, el apóstol Pablo imparte instrucciones específicas enseñándonos de qué cosas debemos «despojarnos» y con cuáles «revestimos» para crecer espiritualmente hasta alcanzar la madurez (Ef 4:17-32; Col 3:5-17). Los discipuladores deben ayudar a sus discípulos a poner en práctica las instrucciones de Pablo, apoyados por otros creyentes de la iglesia local o congregación. Ese es el marco ideal para el crecimiento espiritual: creyentes jóvenes que toman a creyentes mayores como su modelo de vida para el crecimiento espiritual.

La iglesia como cuerpo de Cristo

Dentro de las muchas imágenes o metáforas que se utilizan para describir la iglesia, la más memorable y fácil de entender es la de «el cuerpo de Cristo». Esa es la imagen de la iglesia usada con más frecuencia y la más elaborada en los escritos de Pablo.

Este apóstol instruye a los corintios con respecto a la unidad y la diversidad del cuerpo de Cristo (1 Cor 12:12-27). El cuerpo es uno, pero dentro de un mismo cuerpo hay *pies, manos, oídos, ojos, y narices*, en el lugar asignado por Dios. El apóstol se refiere, por supuesto, a los dones espirituales de los miembros del cuerpo. A esos dones, además, deben agregarse los de liderazgo y el mandato impuesto a los líderes de dotar a los santos para las obras individuales de servicio (Ef 4:1-16). El cuerpo funciona bien cuando todos los miembros participan, sirviendo a Cristo de acuerdo a los dones que han recibido.

El cuerpo de Cristo es el pueblo de Dios, en todo el mundo y de todas las épocas. Cada congregación local es la manifestación visible de ese cuerpo en una comunidad. Podemos visualizar este concepto si lo comparamos con el cuerpo humano.

Para que el cuerpo humano funcione correctamente deben darse dos relaciones. La primera, es la que existe entre el cuerpo y la cabeza, que imparte las órdenes y pone al cuerpo en movimiento. La segunda relación corresponde a cada una de las partes del cuerpo y su interacción con las demás. ¡Qué difícil sería obtener los nutrientes del sistema digestivo si las manos no llevaran primero el alimento a la boca!

El cuerpo de Cristo es un concepto que además de transmitir la idea de la *relación* viva que existe entre Cristo y los creyentes, destaca también el hecho de que la iglesia es un organismo *vivo y en crecimiento*. Por lo tanto, la iglesia debe crecer, y crecer hacia adentro —edificando en la fe a los creyentes en Cristo—, y hacia afuera, mediante la proclamación de las buenas nuevas al mundo.

La imagen del cuerpo de Cristo es un desafío para que cada cristiano pertenezca a la expresión local de ese organismo de manera que contribuya con su aporte. Cuando una persona cree en Cristo, debe integrarse lo más rápido posible a una iglesia, si ha de crecer y madurar como reproductor espiritual. El discipulado individual no es suficiente para producir reproductores, los discípulos necesitan ser «discipulados» también por todo el cuerpo.

Cada uno debe contribuir con sus dones para beneficio de todos. Asimismo el cuerpo, en su conjunto, contribuye al crecimiento personal de cada uno hasta alcanzar la madurez. Cuidándonos y protegiéndonos los unos a los otros, cada parte del cuerpo crece (cada uno de nosotros), y el cuerpo puede ministrar en nombre de Cristo.

Repaso

1. Conteste las siguientes preguntas escribiendo, entre el paréntesis suministrado al lado de la proposición, una V si es verdadera, o una F si es falsa:
   ( ) El modelo bíblico para el servicio es el ministerio en equipo.
   ( ) Para implementar un programa de discipulado, primero debemos dejar de utilizar los demás programas de la iglesia.
   ( ) De acuerdo con 1 Corintios 11, algunos miembros del cuerpo son insignificantes, por lo que poco importa si funcionan o no.

2. ¿Por qué constituye la iglesia local el marco ideal para el crecimiento espiritual del nuevo creyente?

Dones espirituales

Algunos creyentes responderán al entrenamiento más rápido que otros y asimilarán y serán más capaces de desarrollar determinados ministerios. En esto consiste la fuerza, belleza, y diversidad del cuerpo de Cristo. El pastor, el maestro, y el discipulador deben estar conscientes de este factor cuando toman decisiones con respecto a los dones de un cristiano en crecimiento.

Hay cuatro pasajes bíblicos en las epístolas que tratan fundamentalmente de los dones. La enseñanza principal la encontrarnos en 1 Corintios 12-14, pero también hay otras al respecto en Romanos 12, Efesios 4 y 1 Pedro 4.

¿Cuáles son sus dones espirituales?

- Sabiduría
- Fe
- Sanidad
- Profecía
- Misericordia
- Evangelización
- Enseñanza

¡Me seréis testigos!

- Servicio
- Lenguas
- Administración
- Ayudar a otros
- Pastorado
- Apostolado
- Liderazgo
- Conocimiento
- Poderes milagrosos
- Discernimiento

La expresión *dones espirituales* proviene de una combinación de palabras que nos hablan de *regalos que recibimos por la gracia de Dios*, y que no merecemos, ganamos ni compramos; son expresiones del Espíritu Santo. Para aclarar más este punto: un don espiritual es un atributo especial que el Espíritu Santo concede a todos los miembros del cuerpo de Cristo, de acuerdo a la gracia y voluntad de Dios.

Todo creyente debería saber cuáles son sus dones espirituales para así vigorizar su vida espiritual. Los dones le permiten al creyente conocer la voluntad de Dios; y una vez que los descubre toda la iglesia se ve fortalecida. Es imperativo que los creyentes descubran, desarrollen, y utilicen sus dones espirituales para cumplir los propósitos ordenados por Dios y para beneficio del cuerpo de Cristo.

Los siervos fieles de Cristo necesitan saber en qué ministerio deben servir (Mr 10:42-45, Mt 8:21-23; Lc 12:42-48). Se supone, además, que serán buenos mayordomos de los dones que Cristo les ha dado para su ministerio, porque deberán rendir cuentas del uso de ellos (Mt 25:14-30; Lc 19:12-28; 1 Cor 4:1-2; 1 P 4:10-11).

En la práctica, descubrir y utilizar los dones espirituales presentes en la congregación tendrá algunos de los siguientes resultados:

- Cada miembro sabrá qué hacer mejor en la iglesia.
- Todos los miembros podrán trabajar en armonía y con efectividad, evitando desacuerdos y querellas, egocentrismo y orgullos.

¡Me seréis testigos!

- Todo el cuerpo madurará y crecerá espiritualmente.
- Dios será glorificado.

¿Cómo podemos, entonces, descubrir, desarrollar y utilizar nuestros dones espirituales? A continuación, sugerimos cuatro pasos que pueden ayudar al cristiano a determinar el don o los dones que tiene. Una vez que los conozca, debe asumir la responsabilidad ante Dios de desarrollarlos y utilizarlos para beneficio del cuerpo de Cristo.

1. *Explore las distintas opciones.* En oración, lea los pasajes relacionados con los dones espirituales, forme su propia opinión, y establezca su propia filosofía. Primero estudie en qué consiste cada don, y luego determine cuáles son los dones que sabe que no posee.

2. *Analice sus propios sentimientos.* ¿Cómo se siente poniendo en práctica este don en particular? Si no se siente cómodo, ésta puede ser una indicación de que no tiene ese don. Debiera ejercitar su don espiritual con alegría y satisfacción.

3. *Evalúe su efectividad.* Recuerde que los dones espirituales son para beneficio del cuerpo de Cristo. Cuando use sus dones particulares, debe ver reflejado algún resultado positivo. ¿Cuáles son las actividades que Dios parece estar bendiciendo en su vida?

4. *Aguarde la confirmación del cuerpo.* Otros miembros del cuerpo deben reconocer y confirmar nuestros dones, al ver su efectividad y beneficio. ¿Qué opinión tienen los cristianos maduros sobre los dones suyos?

La responsabilidad del discipulador en el proceso de afirmación en la fe y la capacitación es asegurarse de que el discípulo tenga la oportunidad de ejercitar sus dones espirituales.

El proceso de integración a la iglesia

Vamos a ser parte de cierta iglesia. ¡Nos reuniremos allí! Las personas que creen en Cristo deben incorporarse a la vida de la iglesia local. Esto implica, la mayoría de las veces, que se conviertan en miembros de esa congregación. El *proceso* de asimilación a una iglesia consume tiempo, implica incorporar nuevas personas a un grupo que se siente cómodo, que se conocen entre sí y que trabajan bien unos con otros.

Para que la integración a la iglesia sea efectiva el punto crítico es asegurarse de que la nueva persona se sienta necesitada, pueda crecer en ese ambiente, reciba el amor y el afecto de los demás miembros, y sea capaz de trabajar en la congregación en el futuro. Debemos procurar que las personas con quienes establecernos contacto o que llegan invitadas a nuestra iglesia, en determinado momento puedan pensar: «Me gustaría ser parte de esta iglesia. ¡Quiero pertenecer a este grupo!»

Recién entonces podrá establecerse un seguimiento y discipulado efectivos. El ministerio público de la iglesia, unido al de discipulado crean las condiciones ideales para el máximo crecimiento y aprendizaje. La iglesia provee las celebraciones de adoración, la enseñanza de la Palabra de Dios, y la bienvenida a un grupo acogedor; el discipulador brinda las explicaciones detalladas, el ejemplo y el aliento para seguir adelante. El grupo también proporciona los ejemplos del estilo de vida cristiano. El discípulo observa que hay muchas personas caminando con Dios y creciendo en la fe.

La clave para el proceso de integración a una iglesia es que toda la congregación sepa que constantemente se están incorporando nuevos cristianos a la vida de la congregación y que, por lo tanto, debe procurar crear un clima acogedor para que estos nuevos creyentes puedan crecer y madurar espiritualmente.

Repaso

1. ¿Cuáles considera que son sus dones espirituales?
2. ¿Qué puede hacer para que la iglesia sea más acogedora, y más efectiva para integrar en su seno a los nuevos creyentes?

¡Me seréis testigos!

Cómo asimilar el modelo de discipulado en su iglesia

¿Cómo podemos integrar el modelo de discipulado estudiado al ministerio de la iglesia local? Como en la mayoría de las culturas el pastor es el líder central de la congregación, es vital que el encargado del rebaño de Dios conozca, entienda y respalde este ministerio ciento por ciento. El modelo de discipulado *no* pretende sustituir ninguno de los programas y ministerios usuales en la asamblea local; al contrario, procura que sirva de complemento para los programas en funcionamiento.

Los discípulos que siguen todos los pasos en el ministerio del discipulado, serán líderes en cualquier otro ministerio. Lo que han aprendido y el entrenamiento recibido les permitirá operar en casi cualquier ministerio de la iglesia local. Podrán trabajar con jóvenes, adultos, ancianos, y alcanzar otros grupos de personas en el vecindario de la iglesia.

El modelo de discipulado representa el mayor potencial para el crecimiento, y para alcanzar al mundo con el evangelio en esta generación. Eso concuerda con el modelo de ministerio en equipo que Jesús utilizó con los apóstoles y sus discípulos, y que fue copiado tan efectivamente por la iglesia primitiva.

Las siguientes son, entre otras, algunas sugerencias prácticas para incorporar el modelo de discipulado en su iglesia:

1. No introduzca cambios drásticos, demasiado rápido. Es preferible avanzar despacio y con firmeza.

2. Comience a discipular a unas pocas personas, sin llamar mucho la atención en el proceso. Lo que cuenta son los resultados.

3. Trabaje con los líderes para definir los propósitos bíblicos y los objetivos de la iglesia.

4. Es de suponer que los líderes de la iglesia serán ejemplo en hacer discípulos. Comience entrenando a quienes son fieles,

tienen tiempo disponible, saben trabajar en equipo, aprenden con facilidad, y viven en santidad.

5. Comience con las personas que ya tienen algo de entrenamiento en el seguimiento de nuevos cristianos, en el discipulado de cristianos, y en el ministerio de evangelización, ya sea personal o en grupo.

Diversos modelos de discipulado

A medida que los pastores y líderes de las iglesias descubran los principios del discipulado y busquen aplicarlos a su situación particular, surgirán también diferentes modelos de discipulado. Esto no tiene nada de extraño, porque si bien los principios son los mismos, los métodos que se utilizan para implementarlos pueden, y deberían, adaptarse a las distintas situaciones ministeriales.

Hay muchos buenos modelos de discipulado en las iglesias locales. Algunas utilizan el *modelo personalizado*, es decir, de persona a persona, asociando cada nuevo creyente a un «amigo espiritual» para que lo acompañe en los primeros pasos de su vida espiritual. Este procedimiento puede variar considerablemente. Algunas iglesias encargan la tarea de acompañar al recién convertido a un miembro de la congregación, que lo toma bajo su cuidado. Como aparentemente este método permite que algunos recién convertidos «se escapen por las grietas», muchas iglesias disponen de uno de sus miembros o un laico entrenado para elegir, de un grupo de discipuladores, un creyente más maduro para acompañar al recién convertido.

Algunas iglesias grandes disponen de elaborados sistemas de registro, que le permiten a la persona que supervisa «formar parejas» entre recién convertidos y discipuladores, buscando que compartan determinadas características: por ejemplo, edad, estado civil, ocupación, o ciertos intereses comunes. Cada discipulador entrenado tiene una ficha en la que se detalla información sobre su persona, facilitando así la tarea de asociarlo con el recién convertido que más se le parezca. Si bien tener características en común no es esencial para establecer una relación de discipulado exitosa, puede constituir la base ideal para entablar una relación amistosa, profunda y duradera.

¡Me seréis testigos!

Tanto el número de reuniones planificadas entre discipulador y discípulo como los temas tratados en esas reuniones pueden variar mucho entre una iglesia y otra. Algunas congregaciones emplean materiales provistos por su denominación u otra organización cristiana como guía para el proceso. Otras elaboran su propio material. Los principios analizados anteriormente en este curso pueden ser de ayuda a la hora de decidir qué materiales utilizar.

Pocas iglesias presentan este «amigo espiritual» no solo a los nuevos cristianos sino a todos los nuevos miembros que se unen a su congregación. Nuevamente, pueden hacerse encuestas para «formar parejas» entre el recién llegado y otro miembro de la iglesia con intereses comunes. Este ministerio de estímulo puede ser utilizado sin importar el grado de madurez espiritual del nuevo miembro. Todos necesitamos muestras de apoyo y una mano amiga de parte de otros creyentes. Hay estudios que demuestran que las amistades muchas veces son «el pegamento» que mantiene a las personas activas en la congregación local.

Otras iglesias utilizan el *método de grupos pequeños*. Estos grupos pueden adoptar distintas formas. La enseñanza que se imparte en estos grupos es útil para crecer espiritualmente y se orienta a los nuevos creyentes en su vida cristiana y como miembros de la congregación. Estas clases suelen estar a cargo del pastor, pero pueden ser igual de efectivas (si no más) cuando el maestro es un laico de la iglesia.

Algunas congregaciones emplean un sistema educacional propio para colocar a los nuevos cristianos en grupos de seguimiento o discipulado con personas de su misma edad. En otras iglesias, los miembros se dividen en grupos que se reúnen en el hogar de uno de ellos. Los nuevos creyentes son acogidos por uno de estos grupos para ser acompañados y recibir el apoyo necesario. Las posibilidades que brindan los grupos pequeños son ilimitadas.

Su iglesia puede considerar cualquiera de estos métodos, o incluso una combinación de ambos. Cada iglesia debe descubrir la estructura de discipulado que mejor se ajuste a su situación particular. Dios puede guiar a su iglesia para que adopte una estructura similar a la de otra iglesia, o puede guiarla para que elabore nuevos «odres de vino». Lo que nunca debe olvidarse es que los métodos pueden y deben cambiar, los principios siempre serán los mismos.

Ideas para recordar

Jesucristo creó la iglesia para que sus seguidores, viejos y nuevos, encontraran en su seno las condiciones más favorables para el crecimiento espiritual, para el desarrollo como cristianos en el mundo, y para llevar a cabo la misión que les encomendó. En el transcurso de la historia, la iglesia puede que nunca haya logrado este ideal; pero la iglesia activa, de todas las épocas, puede acercarse al modelo bíblico si sus miembros están comprometidos con la misión. El compromiso está apuntalado por el discipulado, como hemos visto en este curso.

En esta sesión se ha estudiado la enseñanza bíblica acerca de la iglesia como cuerpo de Cristo. Se ha señalado que todos sus miembros o partes deben contribuir para beneficio de todo el cuerpo. El modelo de discipulado es la mejor forma de entrenar a todas las personas del cuerpo a caminar con Dios y ministrar de acuerdo a sus dones espirituales. Por eso es sumamente importante la relación recíproca que debe existir entre el creyente y la iglesia.

La clave para que las personas se desempeñen eficazmente como discípulos del Señor en la iglesia está en descubrir, desarrollar y utilizar los dones espirituales para la gloria de Dios; en edificarse en la fe junto con otros creyentes; y en ministrar al mundo. El modelo de discipulado es ideal, también, para el desarrollo y utilización de los dones espirituales en el seno de la iglesia, y para testificar al mundo.

Los nuevos creyentes, además, necesitan un clima acogedor para crecer y aprender a ministrar. El modelo de discipulado permite que la iglesia local, que pretende seguir el modelo de ministerio bíblico, lo utilice como herramienta para incorporar e integrar nuevos miembros a su congregación.

Los métodos que permiten integrar el modelo de discipulado a un ministerio ya existente en la iglesia local también son relevantes. Cualquier plan debe contar con el respaldo pleno del liderazgo pastoral, la aprobación de la comisión directiva, y el apoyo de todos los miembros

¡Me seréis testigos!

de la iglesia. Por último, los métodos empleados para hacer discípulos, personalizados o de grupos pequeños, pueden ser también integrados al programa que mejor se adapte a las circunstancias de la iglesia local.

Evaluación práctica

Reflexione sobre las siguientes preguntas y situaciones:

1. ¿Cómo puede ayudar a sus discípulos a descubrir, desarrollar y utilizar sus dones espirituales?

2. Si tuviera la libertad para elegir un modelo de discipulado para su iglesia, de acuerdo con lo que ha estudiado en esta sesión, ¿qué modelo elegiría?

3. Apréndase de memoria Efesios 4:3-6; Hebreos 10:24-25. Elija la versión de la Biblia que prefiera.

Sesión 8: GRUPOS DE DISCIPULADO

Introducción

Un prominente educador cristiano, el Dr. Howard G. Hendricks, describe los roles que desempeñan las personas cuando integran un grupo. Podemos dividir estos roles en dos categorías, que pueden ser utilizadas para la evaluación de miembros de cualquier grupo.

Categoría: Inmadurez

Sr. Espectador. Se contenta con ser un espectador silencioso. Sonríe, asiente con la cabeza, y frunce el ceño. Es tan solo un pasajero, no es un miembro de la tripulación.

Sr. Monopolizador. Es el Hermano Conversación. Habla de todo, sin ton ni son, imponiéndose sobre el grupo con su verborragia. De forma testaruda, se aferra a su derecho de decir lo que piensa —a veces, sin pensar.

Sr. Despectivo. Es el Señor Decepción. Siempre tiene una perspectiva oscura. Nunca valora las contribuciones de los demás. Suele tener tres buenas razones por las cuales las ideas de otros «nunca funcionan».

Sr. Chiste. Se siente llamado a un ministerio humorístico. El Sr. Gracioso usa su tiempo y talento para ser el bufón del grupo. Nunca se interesa por el tema que se discute, pero siempre tiene un comentario chistoso para hacer.

Sr. Manipulador. El Hermano Finalista (por supuesto) sabe desde un principio lo que hay que hacer para enfrentar el problema. Manipula la discusión para que su plan sea adoptado.

Sr. Colado. Nunca tiene una idea original. Le cuesta mucho comprometerse. Permanece al margen de la discusión hasta que se llega a una decisión, y entonces «se sube al carro».

Sr. Ruego. Sufre de una obsesión crónica. Está siempre abogando por una causa o por ciertas acciones. Se siente llamado, con demasiada frecuencia, a compartir su preocupación por esa causa. Solo tiene un pensamiento en su mente.

Sr. Enojado. Nació con un espíritu contradictorio y se la pasa protestando. Como el grupo no acepta su valiosa contribución, se pone de mal humor.

Categoría: Madurez

Sr. Propuesta. Presenta ideas y cursos de acción. Mantiene la conversación y discusión en movimiento.

Sr. Animo. Invita a todos a participar de la discusión, los motiva a dar su opinión. Reconoce el valor de sus sugerencias y comentarios. Con su aprobación y reconocimiento, estimula la acción de las personas.

Sr. Aclaración. Tiene la virtud de aplacar los ánimos cuando surge la confusión, el caos y el conflicto. Define los problemas en forma concisa. Señala con claridad cuáles son los temas de fondo.

Sr. Analítico. Examina los temas detenidamente. Pondera las sugerencias. Nunca acepta nada sin antes «pensarlo bien».

Sr. Explorador. Está siempre incursionando en áreas nuevas y diferentes. Es un infatigable probador de ideas. Nunca está satisfecho con lo obvio o tradicional.

Sr. Mediador. Facilita el acuerdo y las relaciones armónicas entre los miembros del grupo, especialmente entre los que tienen posiciones encontradas. Busca la solución aceptable para todos.

Sr. Síntesis. Es capaz de colocar todas las piezas del rompecabezas en su lugar. Une las distintas partes de la solución o el plan, y las sintetiza, muestra cómo se vinculan todas.

Sr. Programador. Esta persona siempre tiene listos los métodos e instrumentos para ejecutar la propuesta. Es un buen organizador, se mueve en el campo de la acción.

(Recopilado de *Lead Out, A Guide for Leading Bible Discussion Groups,* NavPress, Colorado Springs, Colorado, 1974, pp. 6-61.)

¡Me seréis testigos!

El ministerio de discipulado no se trata de un método opuesto a otros, sino que es una diversidad de métodos para discipular a las personas. En esta sesión, nos concentraremos en el modelo de discipulado en un contexto de grupos pequeños.

Objetivos

1. Comprender la naturaleza de los grupos pequeños y entender ciertos principios de discipulado que pueden ser enseñados y aprendidos en ese ámbito.
2. Descubrir por qué algunos grupos son más efectivos que otros, y aprender a contribuir para el funcionamiento eficaz de un grupo.
3. Aprender principios básicos para dinámicas de grupo e interacción.
4. Aprender a organizar grupos de discipulado que permitan enseñar principios que faciliten el aprendizaje.
5. Aconsejar a otro compañero cristiano dentro del grupo, con el propósito de afirmarlo en la fe o capacitarlo.

Lección

En una iglesia equilibrada, el ministerio y las actividades sociales se desarrollan en grupos grandes, pequeños, y en ministerios personalizados. Tenemos un *grupo grande* cuando los creyentes se reúnen en la celebración para adorar a Dios juntos en espíritu y verdad.

Los *grupos pequeños* (llamados por algunos «células») suelen estar compuestos de seis a doce personas (como máximo). Sirven para desarrollar la confianza mutua, compartir las alegrías y problemas personales, y crear nuevas amistades. Estos grupos pueden asumir diversas formas. Grupos de estudio bíblico, de oración, de acción, de investigación, y de muchas otras actividades que se desarrollan dentro y fuera de la iglesia.

A estas dos formas de trabajo, es posible agregar el ministerio *personalizado* (persona a persona) para hacer discípulos sin desmedro de ninguno de los programas vigentes en una iglesia determinada. Todas estas formas de ministerio en la iglesia son bíblicas. Hay ejemplos claros de todos estos servicios en las Escrituras, en especial en el Nuevo Testamento.

A continuación analizaremos el fundamento bíblico para los grupos pequeños, su naturaleza, efectividad y dinámica; y para concluir, el lugar que corresponde a los equipos de discipulado en la iglesia.

Fundamento bíblico para grupos pequeños

En la Biblia encontramos varias instancias en que grandes multitudes se reunían para adorar o recibir enseñanza, tal el caso de los hebreos en el Monte Sinaí cuando recibieron la ley (Éx 19), o cuando el pueblo de Israel se congregó para la dedicación del templo salomónico (1 R 8), o cuando —luego del exilo babilónico— escucharon a Esdras predicar la palabra (Neh 8:1-8). En el Nuevo Testamento también hay varios ejemplos, la alimentación de los cinco mil y cuatro mil, durante el ministerio de Jesús (Mt 14:15-21; 15:29-39), o la predicación de Pedro el día de Pentecostés a la gente en Jerusalén (Hch 2).

La mayoría de las veces, sin embargo, el pueblo de Dios se reunió en grupos más pequeños, más propicios para la comunión íntima y la reciprocidad. Cuando los grupos se componen de menos personas, además, se simplifica su dirección y coordinación. Es fácil apreciar la sabiduría del consejo de Jetro a Moisés, de repartir las responsabilidades judiciales entre jueces que se encargaran de mil, cien, cincuenta y diez personas. También nosotros haremos bien en seguir su consejo.

Unidad básica de la comunidad

La Trinidad, tres personas que viven eternamente en comunión, nos creó para que viviéramos también en comunidad. La familia constituye la expresión más evidente de este principio. Dios hizo que fuera imposible entrar a la raza humana sin pertenecer a un grupo fraternal lleno de amor. La relación matrimonial no es solo un medio para la reproducción humana, sino que se convierte en el hogar, el mejor entorno para el aprendizaje.

Cuando los grupos pequeños, con confianza y amor recíproco entre sus miembros, funcionan como Dios quiere, proporcionan el ámbito más natural para el discipulado. El liderazgo está a cargo de los padres, por supuesto, quienes deben enseñar a sus hijos los mandamientos de Dios: «Estas palabras que yo te mando hoy, estarán sobre tu corazón; y las repetirás a tus hijos, y hablarás de ellas estando en tu casa, y andando por el camino, y al acostarte, y cuando le levantes ... y las escribirás en los postes de tu casa, y en tus puertas» (Dt 6:6-7, 9).

La responsabilidad de la educación religiosa comienza en el hogar. Por este motivo aun en los tiempos de apostasía en Israel, cuando los reyes y sacerdotes eran totalmente corruptos, la palabra de Dios no fue olvidada. Siempre hubo padres y madres fieles que nunca se arrodillaron ante la casa de Baal y, en el santuario de sus hogares, enseñaron a sus hijos a caminar en la senda del Señor.

Jesús trajo este antiguo principio a la luz cuando entrenó a sus doce discípulos. Creó una familia de fe y aprendizaje que solo con el transcurso del tiempo fue conocida como la iglesia.

El Espíritu Santo guió a la iglesia primitiva para que siguiera el mismo modelo establecido por Jesús. Los primeros creyentes se reunían en pequeños grupos en hogares, ya que los templos se construyeron 200 años más tarde. Bernabé y Saulo (Pablo) fueron encomendados por un grupo de cinco personas, y luego Pablo repitió el mismo modelo durante su ministerio. Sus equipos misioneros atravesaron el mundo mediterráneo viajando en pequeños grupos.

Edificación mutua en la fe

El llamado constante de las Escrituras, dirigido a los cristianos, es a edificarse recíprocamente en la fe. La Palabra de Dios es clara. A este respecto, se nos manda amarnos los unos a los otros como Cristo nos amó primero; o en palabras de Juan: «El que ama a Dios, ame también a su hermano» (1 Juan 4.21).

En el Nuevo Testamento hay varias cosas que debemos ser o hacer «los unos por los otros». Estas son:

- *Amarse* unos a otros (Ro 13:8), porque esa es la ley de Dios.

- *Recibirse* los unos a los otros (Ro 15:7), esto es, aceptarnos recíprocamente porque Cristo nos recibió, y ello da gloria a Dios.

- *Amonestarse* los unos a los otros (Ro 15:14), para tener conductas cristianas.

- *Preocuparse* los unos por los otros (1 Cor 12:25), lo que implica cuidar del bienestar espiritual (y físico, si fuera necesario) mutuamente.

- *Sobrellevar* los unos *las cargas* de los otros (Gá 6:2); ayudamos entre nosotros mismos para superar los momentos difíciles y los problemas que surjan.

- *Ser miembros* los unos de los otros (Ef 4:25) de la familia eterna de Dios.

- *Ser benignos* unos con otros (Ef 4:32), perdonándonos unos a otros.

- *Alentarnos* los unos a los otros (1 Tes 4:18), en la esperanza de la segunda venida de Jesús.

- *Edificarnos* unos a otros (1 Tes 5:11); esta es una responsabilidad elemental que todos los cristianos deben compartir entre sí.

- *Orar* unos por otros (Stg 5:16), porque esto redundará en beneficio de las personas por quienes oramos.

Esta expresión, «unos por otros», constituye la descripción más realista de la verdadera vida cristiana, y las actitudes ya mencionadas se manifiestan mejor en la intimidad de los grupos pequeños o células.

Naturaleza de los grupos pequeños

En esos grupos reducidos tenemos la posibilidad de conocernos mutuamente, apreciarnos, compartir nuestras cargas con nuestros hermanos, y trabajar juntos. Ellos brindan una oportunidad para que las personas dejen de ser simples espectadores y se conviertan en participantes activos en el ministerio.

¡Me seréis testigos!

Las personas que han aprendido a amarse unas a otras pueden crecer juntas en el Señor. Es fácil aprender de alguien en quien confiamos. La dinámica propia de un grupo facilita el aprendizaje mucho más que si se tratara en un salón de clase escuchando una presentación. Hasta la disposición de las sillas en un grupo, generalmente colocadas en círculo, proporciona un ambiente cómodo y relajado que hace que nos sintamos como en casa.

Los grupos pequeños pueden cumplir varias funciones en una iglesia. Pueden usarse para estudios bíblicos, oración, y discusión de temas básicos para la vida cristiana. Pueden, también, ser grupos de acción, para entrenamiento o para discutir estrategias de ministerios de extensión. E incluso pueden emplearse con el cometido de apoyo, creando un ámbito donde puedan compartirse abiertamente los problemas y dificultades y proporcionando un lugar de diálogo para reparar las relaciones dañadas.

Un grupo saludable y duradero necesita tener las siguientes características:

1. *Un propósito común.* Todos sus miembros deben reconocer el mismo propósito y los medios que se utilizarán para lograrlo.

2. *Autoridad de las Escrituras.* Se debe reconocer a la Biblia como la autoridad máxima, aunque se anime a todos a compartir sus opiniones.

3. *Compromiso con la disciplina del grupo.* Para lograr sus propósitos los miembros del grupo han de comprometerse a guardar sus propias reglas de funcionamiento.

4. *Rendir cuentas recíprocamente.* Los miembros del grupo deben aprender a pedirse explicaciones entre sí y a cuidarse mutuamente.

5. *Contenido de fe.* Aprendizaje con diligencia, para que el grupo crezca en conocimiento además de crecer en la gracia.

6. *Expresión sincera.* Los miembros deben comprometerse a compartir sus necesidades, tristezas y alegrías.

7. *Confidencialidad.* Nada de lo expresado dentro del grupo será compartido con otras personas que no pertenezcan al mismo.

8. *Estructura relevante.* Las reuniones deben programarse de acuerdo a las necesidades del grupo.

9. *Oración de los unos por los otros.* Cada miembro pacta orar por sus compañeros diariamente, mientras el grupo siga funcionando como tal.

10. *Jesucristo como figura central.* Si Cristo no está en el centro de todo lo que el grupo hace, las vidas de sus miembros no serán transformadas.

El propósito de un grupo de discipulado es ayudar a sus miembros a madurar en el caminar con Dios, para que sean capaces de ministrar a otros.

Repaso

1. Escriba tres ejemplos bíblicos de grupos pequeños.

2. ¿Por qué es la familia tan importante para el aprendizaje?

3. Considere la siguiente lista. Marque con una equis (X) las expresiones que identifican lo que debe mejorar.

- Amarse unos a otros
- Recibirse los unos a los otros
- Amonestarse los unos a los otros
- Preocuparse los unos por los otros
- Sobrellevar los unos las cargas de los otros
- Ser miembros los unos de los otros
- Ser benignos unos con otros
- Alentarse los unos a los otros
- Edificarse unos a otros
- Orar unos por otros

¡Me seréis testigos!

Liderazgo de grupos pequeños

La efectividad de los grupos depende en gran medida de sus líderes. Cuando el liderazgo es pobre, el grupo tendrá muchas dificultades para seguir adelante. Sin embargo, prácticamente cualquiera que tenga la suficiente motivación para aprender, puede convertirse en un buen líder, si cuenta con el entrenamiento y adquiere la experiencia necesaria.

Estudie las siguientes pautas de conducta que todo líder debe tener:

1. Establezca un tono de *amistad* en el grupo. Apréndase los nombres de cada uno de los miembros del grupo. Salúdelos cuando lleguen, y hágalos sentirse cómodos. Esto implica que si usted es el líder será el primero en llegar.

2. Sea *sensible* a las necesidades individuales. Averigüe de dónde provienen los miembros, qué cosas les duelen, qué problemas están enfrentando en sus vidas.

3. *Comparta, con sinceridad, sus propias necesidades.* Para que los miembros del grupo hablen abiertamente, el líder debe ser transparente. No confiese los pecados de otros, pero no titubee cuando tenga que confesar los propios.

4. *Escuche atentamente y con afecto lo que los otros dicen.* Trate de concentrarse en cómo se sienten además de escuchar sus palabras. Haga contacto visual con el grupo.

5. Mantenga *la concentración en el propósito del grupo*. Las reuniones pueden «irse por la tangente», y será necesario que le recuerde al grupo cuál es su misión. Si le parece que una persona se «está yendo por las ramas», puede decirle: «Eso es muy interesante, José, pero vamos a concentrarnos ahora en este tema en particular». O puede acotar: «Me parece que nos estamos desviando de la discusión»

6. Dirija la discusión formulando *preguntas*. Es la mejor manera de canalizar los pensamientos del grupo sin monopolizar la conversación. Un buen líder no hablará más de veinte o treinta por ciento del tiempo necesario.

¡Me seréis testigos!

7. *No le tema al silencio.* Es una oportunidad para pensar. Si luego de lanzar una interrogante, nadie responde en sesenta segundos, puede preguntar: «¿Entendieron todos la pregunta?» y repetir la interrogación con otras palabras.

8. *Anime la participación colectiva.* Si le parece que una persona está hablando demasiado, deje que termine y luego pregunte: «Eso está bien. ¿Qué piensa el resto sobre este asunto?» Es responsabilidad del líder que todos los miembros del grupo participen.

9. Procure que las personas encuentren una *aplicación práctica para su vida*. El líder no debe permitir que la conversación se diluya en generalidades. Si surgiera la pregunta: «¿Qué pasa en el hogar, la escuela, el trabajo?» Usted puede responder: «¿Puedes darme un ejemplo específico de eso en tu vida, Juan?» Pídales a los miembros que usen la primera persona del singular: «Yo...»

10. *Aclare lo que está sucediendo en el grupo.* Ayude a las personas a entender lo que se está discutiendo. Puede preguntar: «María, ¿qué significado tiene esto para tu vida'?» Termine cualquier discusión resumiendo las ideas más significativas.

11. *Reconozca los casos de enojo, conflicto, y/o aburrimiento, y no los deje pasar, enfréntelos.* «¿Te molesta esta conversación, Santiago?», podría decir. «¿Por qué no nos dices el motivo?» Dedíquese a construir puentes donde existen barreras.

12. *Permita que los miembros del grupo se ministren entre sí.* Llegado a este punto, se podrá decir que el grupo ha cumplido realmente con su propósito.

El grupo como entidad discipuladora

Todos los miembros de un grupo de discipulado deberían tener la disposición para aprender. Cuando eso ocurre, entonces la sesión será para dar explicaciones y aprender nuevas ideas, conceptos y vivencias.

Un grupo de discipulado típico posiblemente tenga el siguiente programa:

¡Me seréis testigos!

1. **Tiempo para compartir (15 a 20 minutos)**
   Durante este período, los miembros del grupo pueden conversar sobre lo que les ha sucedido desde el último encuentro. El líder puede verse obligado a animar a algunas personas a participar. Es el momento apropiado para que los miembros evalúen cómo están cumpliendo con la disciplina acordada por el grupo, como por ejemplo, tener un tiempo devocional, un estudio bíblico, memorizar las Escrituras, dar testimonio, ayunar, o cualquier otra actividad. Al principio, este período puede requerir más tiempo de manera tal que las personas hablen sobre su pasado.

2. **Discusión plenaria (40 a 50 minutos)**
   En este período, la atención se centra en el tema a estudiar. Puede tratarse de un pasaje bíblico o un tema de las Escrituras, una doctrina, un hecho concreto de la vida —cómo compartir la fe, por ejemplo—, o una disciplina espiritual como la oración. Un libro de meditaciones devocionales o un clásico cristiano es útil como referencia. El líder terminará esta parte de la reunión, resumiendo las ideas principales que surgieron en el transcurso de la discusión de los temas.

3. **Oración (15 a 20 minutos)**
   Los miembros del grupo pueden manifestar sus motivos de oración, y cualquier necesidad personal que tengan. La manera de orar dependerá del grupo, pero todos deben sentirse libres para participar. En algunas ocasiones se orará individualmente; otras, puede ser colectivamente. Pueden orar arrodillados, sentados, parados, o caminando. Lo que importa es estar en la presencia del Señor, hablando con Él. Antes de terminar la reunión, el líder debe repasar los puntos que se tratarán en el siguiente encuentro, asignar las tareas que correspondan, y confirmar el lugar y hora de reunión. Si lo desean, pueden quedarse un rato más después de la reunión para fraternizar y compartir algo, pero eso no es indispensable.

Estos encuentros combinan de este modo la enseñanza con la práctica; los miembros del grupo aprenden nuevos conceptos bíblicos mediante el estudio, y al mismo tiempo practican las disciplinas cristianas.

¡Me seréis testigos!

Los grupos de discipulado deberían reunirse periódicamente una vez por semana, durante tres meses, y terminar el ciclo con una reunión de evaluación. El grupo puede continuar reuniéndose posteriormente, quizá con nuevas reglas de funcionamiento y un modelo distinto. Algunos grupos pueden desear terminar al cabo de unos pocos meses, otros pueden continuar por años. Lo importante es celebrar reuniones de evaluación periódicas para asegurarse de que el grupo está cumpliendo con su propósito.

Tipos de grupos de discipulado

Hay diversos tipos de grupos de discipulado funcionando en las iglesias comprometidas con este ministerio. Un tipo puede ser el dedicado al *entrenamiento* de discipuladores potenciales, cuyo objetivo es capacitar a cada participante para que pueda discipular a otros. Como sus miembros ya son cristianos fieles, que solo necesitan aprender la estrategia para discipular, estos encuentros tienen como fin proveer a sus miembros las técnicas que necesitan.

Otro tipo de grupo de discipulado puede ser uno en que sus miembros aprenden las *disciplinas cristianas* básicas para caminar con Dios. Hay mucho material de estudio, elaborado por distintas denominaciones y organizaciones afines a las iglesias, que puede ser utilizado —si se desea— para ayudar a estos grupos en su programa.

Un grupo diferente de discipulado es aquel que proporciona *apoyo* a los discipuladores para que no decaigan en su esfuerzo y estén siempre motivados. En sus reuniones los discipuladores, además de compartir su experiencia de vida cristiana, tienen la oportunidad de discutir los problemas específicos pertinentes a la tarea de discipular y ahondar en el desarrollo de su carácter personal.

El propósito principal para otros grupos es la *evangelización*, procurar alcanzar a las personas de su comunidad con el mensaje del evangelio. Estas reuniones ponen el énfasis en la implementación de nuevas técnicas para dar testimonio, para la oración de los unos por los otros, y para los esfuerzos evangelísticos de la iglesia. Existen muchos libros y grabaciones de evangelizadores efectivos que pueden usarse como recurso.

¡Me seréis testigos!

También hay grupos de discipulado dedicados a la oración por la obra de Dios en mundo. El programa de estos grupos se concentra en la lectura de la Biblia y de los informes misioneros, en motivos concretos de oración, y en la intercesión.

Los grupos de discipulado pueden adoptar cualquier forma. Conviene elegir el tipo que mejor se adapte a las necesidades colectivas. Si lo que se ha hecho hasta ahora no es efectivo, ¡pruebe con otro tipo de grupo!

INDIVIDUAL	EN GRUPO
No hay pertenencia	Pertenencia
No hay estímulo	Estímulo
No hay aprendizaje	Aprendizaje
No hay protección	Protección

Ideas para recordar

En esta sesión se ha discutido el ministerio desarrollado por los grupos pequeños en la iglesia local, en especial con respecto a los grupos de discipulado. La Biblia, y el ministerio de Jesús específicamente, nos muestran el valor y la necesidad de los grupos pequeños, los que pueden funcionar de distintas maneras en la vida de la iglesia. La iglesia primitiva, una vez que Jesús ascendió, fue eficaz debido a que imitó la metodología de Jesús para propagar el evangelio.

Se estudió, además, la naturaleza y eficacia del ministerio de grupos pequeños en la iglesia, y se resaltó el hecho de que se trata de un ministerio *participativo* (no hay lugar para espectadores), como lo encomendó el Señor a todos los creyentes. Es la manera más natural para aprender a caminar con Dios y a reproducir la realidad de nuestro andar en la vida de otros.

Se discutió brevemente la dinámica de los grupos reducidos y las características propias del liderazgo, enfatizando el tipo de discipulado que debiera existir en la iglesia. Se propuso un programa potencial para seguir en una reunión de discipulado, y se sugirieron algunas variantes según el propósito específico del grupo.

En todos los casos, se enfatizó el hecho de que este ministerio es «tanto de este tipo, como de este otro», los encuentros en grupos reducidos complementan, y no debieran nunca sustituir, las celebraciones de adoración, ni las reuniones de educación cristiana, ni las relaciones personales entre los miembros de la iglesia.

Si los primeros doce discípulos —que luego fueron ciento veinte en el aposento alto— pudieron en una generación «revolucionar» al mundo romano con el evangelio, la metodología por ellos empleada nos puede servir hoy también para alcanzar a más de cinco mil millones de almas que habitan el globo terráqueo.

Evaluación práctica

Reflexione en cuanto a las siguientes preguntas y/o situaciones:

1. Marque con una equis (X) los grupos pequeños que están funcionando en su iglesia.
   __ grupo de oración
   __ grupo de discipulado
   __ grupo de estudio bíblico
   __ grupo evangelístico
   __ Alcohólicos Anónimos
   __ grupo de acción comunitaria
   __ clases de confirmación
   __ grupo de apoyo
   __ grupo de ministerio/extensión
   __ Escuela Dominical
   __ grupo fraternal
   __ otros. Especifique: _____

2. ¿Qué tipo o tipos de grupos de discipulado podrían comenzar a funcionar en su iglesia? ¿Por qué?

3. ¿Cómo haría para comenzar a organizar esos grupos?

¡Me seréis testigos!

4. Haga un bosquejo del tipo de programa que podría usar en el grupo de discipulado que sugiere.

5. Apréndase de memoria Gálatas 6.2; Romanos 13.8; 15.7 y Santiago 5.16. Elija la versión de la Biblia que prefiera.

APÉNDICE A: TIEMPO DEVOCIONAL

Amo a Jehová, pues ha oído
mi voz y mis súplicas;
Porque ha inclinado a mi su oído;
por tanto, le invocaré en todos mis días.
(Salmos 116:1-2)

A solas con Dios

¿Sabía que Dios desea pasar un tiempo a solas con usted? Esta afirmación puede sorprenderle... pero, tómese un momento para pensarlo.

Cuando una persona cree en Jesucristo, se convierte en miembro de la familia de Dios... en un hijo de Dios... ¡Dios es su padre! Cual buen padre, el Señor desea pasar parte de su tiempo con sus hijos, en ocasiones con muchos de ellos reunidos... pero, a veces, con cada uno por separado. Así es como podemos realmente conocer a una persona, pasando un tiempo a solas con ella.

Por lo tanto, la mejor manera de conocer a nuestro Padre celestial, es estando un tiempo a solas con Él. No hay nada místico en este asunto. Él ha dejado bien claro que se interesa en nosotros porque somos sus hijos.

La manera más simple y maravillosa que tenemos para conocer más a nuestro Señor cuando pasamos un rato a solas con Dios es leyendo su Palabra y conversando con Él mediante la oración.

Por supuesto, podemos orar a cualquier hora del día —mientras viajamos en coche al trabajo, o batimos la masa para una torta, o lavamos la ropa, o estudiamos en el colegio—, pero pasar un rato a solas con alguien supone que le estamos brindando toda nuestra atención, sin distracción alguna.

¡Me seréis testigos!

La mañana puede ser la mejor hora para pasar este rato a solas con Dios... cuando uno se encuentra bien despierto, antes de comenzar las actividades del día. O quizá sea preferible la tarde... al terminar la jornada, cuando uno se prepara para descansar. No importa tanto la hora que usted elija, pero encuéntrese con Dios todos los días. Jesús se levantaba muy temprano para orar... e iba a un lugar tranquilo —¡esa es una buena idea!

No hay ningún ritual a seguir para el tiempo que pasemos a solas con Dios... como no seguimos ningún ritual cuando estamos con nuestro padre biológico.

Comenzaremos con un saludo... una oración corta a Dios, pidiéndole que bendiga el rato que pasemos juntos.

Luego, lee un pasaje de la Palabra de Dios. Si apenas comienza a leer la Biblia, puede hacerlo con el evangelio de Juan, que es un hermoso bosquejo del plan de Dios a través de Jesucristo.

Cuando termine de leer todo el evangelio de Juan, puede continuar, si así lo desea, con el libro de Hechos, para ver la manera en que los primeros cristianos compartían su fe con las personas a su alrededor. Compartir la fe es una de las cosas más importantes que podemos hacer para Dios.

Si no está acostumbrado a leer la Biblia, puede que prefiera usar una versión moderna, en vez de la versión Reina-Valera. El Nuevo Testamento fue escrito en griego popular, no clásico, para que todos pudieran entender su importante mensaje.

Mientras realiza su lectura medite en lo que lee. Meditar significa pensar seriamente en las cosas espirituales. Meditar en lo que está leyendo es pensar en silencio, seria y detenidamente acerca de Dios — sobre lo maravilloso que Él es, las cosas maravillosas que ha hecho por usted, lo que hará, y lo que Él desea que usted haga por su obra.

Puede que alguna de estas cosas le llame la atención:

- Una promesa especial para su vida.
- Una indicación precisa sobre cómo vivir.

¡Me seréis testigos!

- Un mandamiento a obedecer.
- Una revelación sobre algún pecado en su vida.
- Un versículo importante que desee memorizar.

No lea muy de prisa, y no trate de leer demasiado de una vez. Tómese tiempo para descubrir todo lo que Dios tiene para enseñarle en el pasaje bíblico que lee. No necesita apresurarse mientras está a solas con Dios, especialmente si solo pasa un rato con Él todos los días. Después de haber meditado sobre la palabra de Dios, converse con Dios, en oración. Háblele como si lo hiciera con sus padres terrenales, sabiendo que le aman, que desean lo mejor para usted, que quieren ayudarle en todo. Si no sabe qué decirle a Dios en oración, le sugerimos lo siguiente:

Puede *alabarle* por lo que Dios es... Creador y Sustentador de todo el universo... pero, ¡se interesa en cada uno de nosotros que somos su familia!

Puede *agradecerle* por todo lo que ha hecho... por todo lo que está haciendo en su vida... y, por todo lo que hará.

Puede contarle acerca de las cosas que le hacen arrepentirse de lo que ha hecho, dicho y pensado... y *confesar* su pecado. Dios nos promete en su palabra que puede y nos perdonará.

Puedes orar *por su familia*... es nuestra obligación.

Puede orar *por otros*... por sus amigos o conocidos, que tienen necesidades físicas y espirituales. Puede pedirle a Dios que obre en el corazón de una persona para que llegue al conocimiento de Cristo como su Salvador... como usted lo ha conocido. Recuerde a los nuevos creyentes en sus oraciones. Puede también orar por los que ocupan cargos en el gobierno, por su pastor y ministros de su iglesia, por los misioneros y por otros siervos de Dios.

Puede orar *por su vida*... pedir la guía de Dios para el día que se inicia... pedirle que le ayude a resolver sus problemas... pedirle que le ayude a cumplir su voluntad... pedirle que le brinde la oportunidad de servirle, ayudando a otros, con palabras y acciones.

Si lo desea, puede hacer una lista con los motivos de oración que tenga, de modo que no olvide ninguno. Al lado, puede registrar la respuesta de Dios... «Sí», «No», «Espera». Puede usar una pequeña libreta de anotaciones o fichas.

Si ha tenido un rato a solas con Dios en la mañana, ¡enfrente el día renovado y con vigor!

Si ha tenido un rato a solas con Dios al anochecer, descanse, confiado en su cuidado, para despertar y comenzar un nuevo día de servicio para su gloria.

Si es posible, puede pasar un rato a solas con Dios en la mañana y al anochecer.

Recuerde que puede orar a cualquier hora del día, en cualquier lugar donde se encuentre —en el local de estudio, en el lugar de trabajo, en el hogar—, y sobre todo... puede pedirle respecto a alguna necesidad concreta o agradecerle por algo que haya recibido. Como un tierno padre terrenal, Dios está interesado en todo lo que nos acontece.

¡Él está esperando que llegue el momento para pasar un rato a solas con usted, mañana, tarde o noche... y todos los días!

El secreto

Me encontré con Dios de mañana,
en el mejor momento del día,
y su presencia fue como el alba
una gloria dentro de mi ser.

Todo el día, su presencia me acompañó;
todo el día, a mi lado Él se quedó;
en una calma perfecta navegamos
sobre el turbulento mar.

Otras naves fueron destruidas,
otras naves zozobraban;
pero el viento que las azotaba
a nosotros traía descanso y paz.

¡Me seréis testigos!

Luego pensé en otras mañanas,
con algo de remordimiento,
cuando, yo también, había levado anclas,
y dejado su presencia detrás.

Pero ahora creo conocer el secreto
—lección difícil de aprender:
tienes que buscar a Dios en la mañana
si quieres, durante el día, su presencia disfrutar.

—Ralph S. Cuchman (*Spiritual Hilltops*)

- «...los verdaderos adoradores adorarán al Padre en espíritu y en verdad; porque también tales adoradores busca que le adoren.» (Jn 4:23)

- «Pues todos sois hijos de Dios por la fe en Cristo Jesús.» (Gá 3:26)

- «El Señor es, con los que le honran, tan tierno como un padre con sus hijos.» (Sal 103:13, Versión Popular)

- «Dejen todas sus preocupaciones a Dios, porque él se interesa por ustedes.» (1 P 5:7, Versión Popular)

- «Levantándose muy de mañana, siendo aún muy oscuro, salió y se fue a un lugar desierto. y allí oraba.» (Mr 1:35)

- «Abre mis ojos, y miraré las maravillas de tu ley.» (Sal 119:18)

- «No solo de pan vivirá el hombre, sino de toda palabra que sale de la boca de Dios.» (Mt 4:4)

- «Pero éstas se han escrito para que creáis que Jesús es el Cristo, el Hijo de Dios, y para que creyendo, tengáis vida en su nombre» (Jn 20:31)

- «Todo lo que es verdadero, todo lo honesto, todo lo justo, todo lo puro, todo lo amable, todo lo que es de buen nombre, si hay virtud alguna, si algo digno de alabanza, en esto pensad.» (Fil 4:8)

¡Me seréis testigos!

- «En mi corazón he guardado tus dichos, para no pecar contra ti.» (Sal 119:11)

- «Alábenlo por sus hechos poderosos; alábenlo por su grandeza infinita... Que todo lo que respira alabe al Señor.» (Sal 150:2,6, Versión Popular)

- «Sean conocidas vuestras peticiones delante de Dios en toda oración y ruego, con acción de gracias.» (Fil 4:6)

- «Si confesamos nuestros pecados, él es fiel y justo para perdonar nuestros pecados, y limpiarnos de toda maldad.» (1 Jn 1:9)

- «Ninguno busque únicamente su propio bien, sino también el bien de los otros.» (Fil 2:4, Versión Popular)

- «Por nada estéis afanosos, sino sean conocidas vuestras peticiones delante de Dios en toda oración y ruego.» (Fil 4:6)

- «Y si alguno de vosotros tiene falta de sabiduría, pídala a Dios, el cual da a todos abundantemente, y sin reproche, y le será dada.» (Stg 1:5)

- «He aquí que Dios es grande, pero no desestima a nadie; es poderoso en fuerza de sabiduría.» (Job 36:5)

- «Y esta es la confianza que tenemos en él, que si pedimos alguna cosa conforme a su voluntad, él nos oye. Y si sabemos que él nos oye en cualquiera cosa que pidamos, sabemos que tenemos las peticiones que le hayamos hecho.» (1 Jn 5:14-15)

APÉNDICE B: MEMORIZACIÓN DE PORCIONES BÍBLICAS

Memorizar porciones bíblicas es apropiamos de la Palabra de Dios y atesorarla en nuestros corazones para que nos guíe, nos proteja y nos aliente. Aunque no siempre tengamos una Biblia a nuestro alcance, nada nos podrá separar de los versículos que aprendamos de memoria.

¿Por qué es importante memorizar porciones de las Escrituras?

¿Por qué es conveniente que el cristiano aprenda de memoria los textos bíblicos?

- El principal motivo para aprender y meditar sobre la Palabra de Dios es porque se trata de un *mandato divino* (Dt 6:6-7; Jos 1:8; Col 3:16).

- Memorizar textos de las Escrituras *nos guarda del pecado* (Sal 37:31; 119:9-11; Mt 4:1-10).

- Memorizar versículos *transforma nuestras mentes para que tengamos los pensamientos de Dios* (Ro 12:1-2), ello *permite que el Espíritu Santo nos guíe* (Pro 6:20-22), y además *nos ayuda a trabajar con la Biblia* (Sal 119:105)

- Aprender porciones de las Escrituras también nos capacita para *testificar* (1 P 3:15; Hch 18:28) y para *aconsejar* (1 Ts 2:13).

- Guardar la Palabra de Dios en nuestros corazones *produce crecimiento espiritual* en nuestras vidas (1 P 2:2; Hch 20:32).

¿Cómo memorizar porciones de las Escrituras?

El primer paso para comenzar un programa de memorización de porciones bíblicas es *comprender su importancia*. Aprender de memoria

¡Me seréis testigos!

requiere esfuerzo y disciplina, T-R-A-B-A-J-O. Debemos comprender bien los beneficios que obtendremos si memorizamos textos bíblicos, para poder así hacer el esfuerzo mental que requiere aprender nuevos versículos.

El segundo paso es *fijarse una meta realista*. En este curso de estudio, sugerimos dos versículos por semana. Esto permite tener tiempo entre semana para aprender los nuevos versículos y para repasar los ya memorizados. Hay estudios que demuestran que repasar un nuevo versículo todos los días, durante dos meses, y luego una vez al mes, lo grabará para siempre en la memoria.

El tercer paso es formular un plan. Decidir qué memorizar, cuándo y dónde. Fallar en la elaboración de un plan de memorización, significa que el plan es fallar. Hay muchos planes de memorización elaborados por diversas organizaciones, pero se puede también seleccionar aquellos versículos y/o pasajes más significativos para su vida y ministerio personal. Si se desea, los versículos pueden escribirse en una hoja de papel, en una ficha, o en tarjetas especialmente diseñadas para ese propósito, que pueden obtenerse en las librerías cristianas.

Al aprender de memoria los versículos, los siguientes consejos pueden ayudarle a memorizarlos con más efectividad:

1. Lea todo el contexto, para entender lo que el versículo realmente enseña.
2. Memorice una frase por vez.
3. Memorice en voz alta, si es posible.
4. Memorice literalmente, palabra por palabra.
5. Repita el versículo con la referencia bíblica «antes» y «después». Esto le permitirá recordar no solamente el versículo, sino también dónde encontrarlo en la Biblia.
6. Medite en lo que el versículo dice.
    a. Visualice la imagen que transmite el versículo.
    b. Compártalo.

c. Cántelo.

d. Órelo.

e. Aplíquelo (Es 7:10)

Por último, *cuente con la ayuda de Dios para memorizar.* Dios desea que aprendamos su Palabra, así que Él mismo nos dará la sabiduría y las fuerzas para hacerlo.

¿Cuál es el mejor momento para memorizar y repasar?

¡Con cuánta frecuencia oímos esta excusa: «Simplemente, no tengo tiempo suficiente!» Si bien la verdad de esta afirmación puede debatirse (*hacemos* tiempo para las cosas que realmente nos importan), conviene que observemos que a veces podemos «matar dos pájaros de un tiro» y memorizar versículos bíblicos mientras estamos haciendo otra cosa. Por ejemplo, uno puede aprender versículos mientras *espera la hora de una cita*, mientras *viaja en un automóvil*. Hay muchas personas que aprenden versículos de memoria mientras *caminan o hacen ejercicios físicos*.

Otras, memorizan porciones de las Escrituras entretanto realizan tareas rutinarias: mientras están lavándose los dientes, afeitándose, o lavando los platos. Las posibilidades son múltiples, solo hay que estar atento para aprovechar las oportunidades que se nos presentan.

Sistema práctico de repaso

Hay tres secretos para memorizar porciones de las Escrituras:

1. Repasar

2. Repasar

3. Repasar

Uno puede aprenderse un versículo perfectamente, palabra por palabra; sin embargo, se olvidará a menos que se repase periódicamente.

¡Me seréis testigos!

Cuando esté aprendiendo un nuevo versículo, debe repasarlo varias veces al día para aprendérselo rápidamente. Repase cada dos días los versículos aprendidos recientemente, durante dos meses. Este repaso grabará a fuego el versículo en su mente. Por último, repase todos los versículos aprendidos por lo menos una vez al mes, para refrescar la memoria, y tenerlos siempre al alcance de la mano a fin de utilizarlos.

www.ingramcontent.com/pod-product-compliance
Lightning Source LLC
Chambersburg PA
CBHW061652040426
42446CB00010B/1695